U0667851

聪明的管理者会带人，愚蠢的管理者蛮力拼

别让管理败在
穷忙瞎忙上

北 雪 ◎ 著

DON'T FAIL MANAGEMENT BY FUTILE

ACTIONS

成都时代出版社
CHENGDU TIMES PRESS

图书在版编目（ＣＩＰ）数据

别让管理败在穷忙瞎忙上 / 北雪著. -- 成都：成都时代出版社，2017.8
ISBN 978-7-5464-1774-5

Ⅰ.①别… Ⅱ.①北… Ⅲ.①企业管理－组织管理学 Ⅳ.①F272.9

中国版本图书馆 CIP 数据核字(2017)第 187322 号

别让管理败在穷忙瞎忙上
BIERANG GUANLI BAIZAI QIONGMANG XIAMANG SHANG
北雪 著

出 品 人	石碧川
责任编辑	代 斌
责任校对	陈德玉
装帧设计	天下书装
责任印制	干燕飞

出版发行	成都时代出版社
电 话	（028）86621237（编辑部）
	（028）86615250（发行部）
网 址	www.chengdusd.com
印 刷	北京柯蓝博泰印务有限公司
规 格	880mm×1230mm　1/32
印 张	9.75
字 数	200 千
版 次	2017 年 9 月第 1 版
印 次	2017 年 9 月第 1 次印刷
书 号	ISBN 978-7-5464-1774-5
定 价	49.00 元

著作权所有·违者必究
本书若出现印装质量问题，请与工厂联系。电话：（010）85515600

俗话说"三个臭皮匠，抵个诸葛亮"，即便是天才，其个人力量也是有限的，靠单打独斗永远都成不了大气候。企业是一个团队，作为管理者，就是要把全体成员都紧密地团结在一起，拧成一股绳，真正实现上下一心，只有这样，才能攻无不克、战无不胜。

正所谓"火车跑得快，全靠车头带"。在企业中，管理者就是火车头，管理者是否懂得带人，直接关系到企业这列火车的奔跑速度，直接关系到团队的战斗力。俗话说"不怕狼一样的对手，就怕猪一样的队友"，如果把这句话改成"不怕狼一样的对手，就怕猪一样的领导"，用于形容不会带人、不懂带团队的管理者，显然再合适不过。比如，楚霸王项羽"力拔山兮气盖世"，在战场上总是一马当先，勇猛无比，可是由于不会带人，最后他还是被刘邦打败。

刘邦可怕吗？事实上并非如此。与其说项羽是被刘邦打败的，不如说是他自己打败了自己。要知道，项羽在楚汉争霸中，尤其是在战争前期，有着绝对的优势，还有一批文臣武将的辅佐。但由于他不会用人、不会激励人，无法把部属凝聚在一起，使得团队的力量没有释放出来，最后自刎于乌江，沦为一代悲情英雄。

　　反观刘邦，由于善于识人、用人、授权、激励，又深谙人性弱点，懂得以情感人、以利诱人、以事业留人，所以他能把部属紧密团结在自己周围，让大家誓死追随。事实证明，江山不是一个人打下来的，而是领导者带领一帮干将打下来的。如果你能成为一名善于带领团队的领导者，那么你离事业成功就不远了。

　　优秀的领导者可以把团队里的"庸才"变成干将，可以把各抒己见、众说纷纭的不同意见整合成统一的行动方略，让每个团队成员都心服口服地接受命令，坚决执行；优秀的团队领袖可以把各自为阵、自行其是的团队成员团结在一起，让大家相互协作，使大家拧成一股绳，释放出强大的团队战斗力。

　　身为企业老板、领导者和管理者，一定要了解员工，一定要学会激励员工，一定要学会正确用人，让对的人做对的事。因为只有充分了解了员工，才清楚员工的优势与不足；只有学会激励员工，才能让员工始终保持激情与斗志；只有正确用人，才能把员工放在最合适的岗位上，让他们扬长避短，为企业做出最大的贡献。

要记住，企业管理的本质不是领导者事必躬亲，而是要求领导者高瞻远瞩、统筹全局。表面上看，管理是管人管事，但实际上管理是指挥人、是带人心。只有赢得了人心，你才能登高一呼、应者云集；只有赢得了员工的心，才会有员工追随你左右；只有赢得了人心，你才能得天下。所以，带人需要用情，需要坦诚，需要胸怀，需要以身作则，需要个人魅力，但唯独不需要"单干"，否则，你干到死，也难有成就。

目录

03 带好了人心，管理就没那么难

04 国有国法，家有家规——管人要用制度说话

08　没有执行，再伟大的战略都等于零

09　别指望人人都自动自发，问责与监督才是硬道理

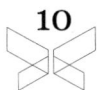

12 从优秀到卓越，成就最顶尖的管理者

01

你是在做牛做马，
还是做老板？

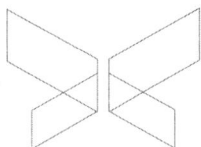

不可否认，很多管理者是干实事的一把好手，因为他们坐上管理者的职位之前，大部分是在基层摸爬滚打的，个人能力超强、实战经验丰富。他们走上管理岗位后，不习惯只带人、不干事，他们往往会继续发扬高效干事的光荣传统，以向下属证明自己的能耐。但问题是，他们的时间、精力、能力是有限的，单靠一个人去干事，却不懂得带领团队干事，甚至最后干到死，也无法把企业管理好。鞠躬尽瘁、死而后已的诸葛亮就是这种人。因此，对管理者而言，会带人比会干事更重要。

1 不懂带人，你就自己忙到死

在我们身边，不乏夜以继日加班、身先事卒的领导者，他们一边用"拼命三郎"的精神工作，一边抱怨下属的能力不够。他们不知道，领导者的定位是什么，究竟是干什么的，也不知道，正是他们的大包大揽，导致了下属的能力"退化"。

想一想：在过去的一周里，你有多少时间是在做事，有多少时间是在管人、带人？所谓做事，是指你自己去执行具体任务，亲上执行一线，所谓管人、带人，是指你做企业战略规划、制定企业目标、给员工分派任务，然后追踪员工执行进程，根据员工的表现加以指点，或给员工做示范，给员工做评估等等。

如果你把一周的 5 天工作和所花的时间列出来，发现用在管人、带人上的时间很少，而用在做事上的时间很多，那么你就要开始改变了。因为真正的领导是管人、带人的，而不是做具体琐碎的事情。如果你把过多的时间投入到公司琐碎的事情上，就意味着你在管人、带人上花的精力太少，这势必会影响你带团队的效果。

有一位管理专家在培训课上讲过这样一段话："中层管理者应该用50%的时间管人、带人，用50%的时间做事；高层管理者应用80%的时间管人、带人，用20%的时间做事。如果你喜欢做事，无法说服自己少做事，那么你永远无法成为优秀的企业领导者。因为你这种喜欢做事的习惯，注定了你不适合做领导者。"

在惠普公司，定位领导者有一个基本的原则，那就是管理者是教练而不是老板。因为老板可以发号施令，但教练却不同，教练水平的高低要看他带的团队水平如何，而不是看他个人能力多强、多么能干。其实，惠普的这个原则很好地阐释了真正的领导是管人、带人的，而不是做事的。

看过足球联赛、篮球联赛的人都知道，球队的整体素质、赢球的场次和最终的排名，才是一个教练水平高低的体现。因此，作为一名优秀的领导者，一定要完成从自己做事到指导别人做事的转变。也许一件事，领导者自己做只需1个小时，但教下属做却要花3个小时，但是领导者别无选择，必须花时间教别人，只有授人以渔，让下属变得更优秀，让团队变得更有战斗力，领导者才是称职的教练。

与此同时，领导者还要容忍下属在某些方面比自己差，甚至很多地方不如自己。试想一下，如果下属各方面都比你强，那他就不应该是你的部下，而应该是你的上司了。如果你有这种心态，那么你就有足够的耐心来管理、领导下属、提升整个团队的水平了。

事实上，领导者管人、带人主要表现在这样两点：第一，用规章制度管理员工，让公司在一个有秩序、有纪律的环境下运转；第二，善于用人，因为领导者是帅，帅就要会用兵，会用人。善于用人的领导者，懂得发现下属的优点，让下属做擅长的事情，因此他们身边总是人才济济，各个下属都能在某一方面独当一面。

在《史记·淮阴侯列传》中，有关于刘邦与韩信的一段对话，很好地表明了领导者是帅而非将；是管人、带人的，而非做事的；是把员工放在正确位置上，让员工发挥自己特长的，而非把员工放在错误位置上，泯灭员工优势和激情的。

有一次，刘邦问韩信："像我这样的人你看能带领多少士兵？"

韩信说："超不过 10 万人。"

刘邦又问："那你呢？"

韩信说："多多益善。"

刘邦有些不高兴："你能多多益善，那怎么还是被我抓了呢？"

韩信说："你不善领兵卒，却善于领导将士，这就是我韩信为你所用的原因。"

在这段对话中，韩信提出了关于"帅才"和"将才"的概念。在韩信看来，他是一个将才，擅长带兵打仗、攻城拔寨，而刘邦是帅才，擅长领导大将，给大将放权，让大将去战斗、去执行任务。事实就是如此，刘邦不仅领导着韩信，还领导着张良与萧何。这三人在刘邦手下，各自在自己擅长的位置上施展才能，最后帮刘邦夺得天下。

领导者是帅才，管理者是将才，帅才比将才高一个层次，帅才偏重于战略思维，其学识和涵养有助于提升自己的思维空间和眼界，以保证总揽全局、放眼长远。而将才是在一定范围内掌控局势，带领下属完成统帅分派的任务，他们偏重于战术或方法的研究。

对于领导者而言，你要做的不是按照你的想法去塑造下属，而是为他们的成长提供条件，帮助团队获得成功。通过发现下属的优势，给下属安排正确的职位，让他们更好地发挥自己的才能，这才是领导者真正要做的事情。

2 巧妙带人比费尽心思管人更重要

有一位非常负责的管理者，每次分派工作都会从开始到结束，事无巨细，指示得非常清楚。比如，安排下属布置会议室，他会对下属小张说："摆100把椅子。"对下属小李说："买10斤茶叶。"对下属小黄说："买10箱水果，5箱橘子。"对下属小邓说："会标上的字要用毛笔写，找谁写……写多大……"

也许开始时下属们尚能接受，但时间一长，大家肯定不会太情愿，因为他们会觉得上司就像一个喋喋不休的老太婆，什么事情都管，管得那么细，让他们没有一点自主权，干起活来挺没劲的。尤其是当上司的主意并不高明，他们提出意见上司又不采纳时，他们更不愿意按照领导的意思去办，但又迫于无奈，只好硬着头皮去执行。试问，在这种情况下，他们会迸发出强烈的积极性、责任感吗？会把任务执行到位吗？

管理者们要明白，反感被别人管是人的本性。生活中，我们经常听见小孩说："你凭什么管我？""我不要你管！"就连小孩都有排斥的情绪，更何况成人呢？而且管人还有诸多危害，对下属的成长极为不利，对企业效益的提高也不利。

首先，过度管理会打击下属的积极性。原本解决问题的办法有100种，管理者让员工用某一种，而这种办法并非最好的，但员工只能照办。渐渐地，员工会懒得思考办法，只知道按照管理者给出的办法执行，这样员工的创造性就慢慢丧失了。

有一位心理学家曾说："对创造者来说，最好的刺激是自由——有权决定做什么和怎么做。"管理者越俎代庖，无异于给下属的思维上锁，锁住了他们的积极性，也锁住了他们的创造性。

其次，过度管理会导致下属不自信，不利于锻炼下属的实际工作能力。许多管理者继承了为人父母者的品质，对待下属就像父母对小孩一样，生怕员工把事情办砸了，千叮咛、万嘱咐。这很容易影响下属的自信心，不利于下属提升工作能力。

员工的成长过程，就是一个犯错、摸索、尝试的过程，走一些弯路、摔一些跟头有什么关系呢？反而会让下属变得更坚强、更成熟。如果处处呵护着下属，下属就会变成未经世面的"弱智儿"。

真正高明的管理者才不会事无巨细地管，他们往往只告诉员工期望得到什么结果，而不会告诉员工应该怎样去做。比如，让员工推销一批商品，他们只会告诉销售目标、产品的价格、相关的经济合同等，而不会告诉他们去哪儿推销，怎么向客户推销。这样下属就可以充分地发挥自己的主观能动性，开动脑筋想办法完成任务。所以说，巧妙带人比费尽心思地管人更重要。

通用集团前 CEO 杰克·韦尔奇曾经说过："掐着员工的脖子，你是无法将工作热情和自信注入他们心中的。你必须松手放开他们，给他们赢得胜利的机会，让他们从自己所扮演的角色中获得自信。当一个员工知道自己想要什么的时候，整个世界都将给他让路。"

有个年轻人学做西装，师傅只简单地告诉他一遍怎么做，然后就让他自己做。当他遇到困难时，他就会请教师傅，但师傅只是提醒他、引导他、暗示他，而不会直接告诉他怎么做。师傅说："你自己想半天甚至一天，实在想不出来我再教你，这样印象深刻，否则，你问我我就马上告诉你怎么做，你明天就会忘掉，到时候还是不会，还要问我。"

这位师傅不愧是一个教练型的领导，他懂得巧妙带徒弟，激发徒弟的思考意识，而不是原封不动地把方法告诉徒弟。如果你想成为优秀的管理者，那么你很有必要学习这位师傅的带人方法。

不可否认的是，"带人"也是"管人"，但它比管人更高级，涵盖面更宽。如果管理者只是单纯地管人，就算你费尽心思、绞尽脑汁，也不可能把人管好，而且你管得越严，越适得其反。只有懂得从管人上升到带人，才能把企业管好。要想用好人，不妨从下面几个方面努力：

（1）用"理人"代替"管人"

管理管理，重要的不是"管"，而是"理"。中国人经常说："你为什么不理我？""半天都没人来理我。"中国人对别人的不理睬、忽视很在意，因此，管理者要注意这个问题，少管下属，但要多理他。

你理下属，下属也会理你，这就叫"敬人者人恒敬之"。而管就是看不起，表明我比你能力强，比你职位高，你要听我的，这会让下属没面子。总之，要想员工尊敬你、服从你，你就要多理他，少管他，让他知道你器重他。

（2）用"安人"代替"管人"

仅仅是"理"人还不够，要想下属努力工作，最高的境界是"安人"。你把下属安抚好了，即使你不理他，他也会好好工作。所谓安人，通俗的解释是把人安顿好，人一安顿好，就没事了。安顿好了下属，就容易打动下属的心。这表现为尊重并信任下属、敢于放权，不要一开口就说："我看你也做不好。"这样下属真的会做不好。你要说的是："你放心去做吧，我相信你能做好。"这是一种激励人的方法。

（3）用"传帮带"代替"管人"

"传帮带"是独具特色的用人方法，"传"是指传授、传承，"帮"是指帮助，"带"是指带动、带领。在"传帮带"中，管理者与教练的角色合二为一，然后运用自己的经验、智慧帮助下属成长，带领他们共同完成使命。

3 领导者要有狮子的威严、狐狸的智慧

管理，不外乎人、事二字。把下属和事务应付自如，处理得头头是道，这样的人已然是一个成功的领导者。管人和管事二者是不同的。同时又是相互联系、彼此糅合在一起的。人中有事，事中有人，不可分开。

马基雅维利在他的著作《君主论》中说："一个称职的君主，必须具有狮子般的威严、狐狸般的狡诈。"这说明统御能力往往表现在两个方面，一是敢于出手的魄力，二是善于出手的智慧。没有魄力，会优柔寡断；缺少智力，会独断专行。二者缺一不可，必须两手都要抓，两手都要硬。

领导与员工所肩负的使命不一样，在公司中，领导者肩负的是公司生死存亡的重责，所以他跟下属的工作完全不一样。作为一个领导者，必须想人所不能想，看人所不能看。

下属由于处于较低的位置，是不能看到这些问题的，作为领导者又每天日理万机，没时间也没有必要去向下属解释自己这样做的意义。事实上，江湖上有一招"狮子吼"，就是用一种狮子般的威严，让员工被自己的气势慑服，这样，自己的命令会很容易实施。

与此同时，作为领导要时刻应付来自内部的麻烦和来自外部的压力，仅仅有魄力是不足以应对如此多的内耗和外耗的。狐狸作为智慧的代表，意味着领导必须有一个机智的头脑，而且更多时候，狐狸是作为狡诈的代表出现在我们眼前，这意味着领导要善于运用手段，让自己用最小的代价获取最大的利益。

马基雅维利认为，真正有智慧的领导者，要以超越世俗的眼光来对局势进行审视，这样才能达到利益最大化。所以在某些时候，不妨露出自己"老狐狸"的一面，给耍心眼的人以震慑。这种震慑更有威胁性，它是在向周围人宣布：你们的小手段都是我玩剩下的。如此一来，捣乱分子必然会安静下来。

"宽严相济"是儒家智慧在现代企业管理实践中的应用与提升。在现代企业管理中，企业越来越重视员工的价值，不断激发员工的积极性和主动性，为员工创造和谐的工作氛围。"宽严相济"的管理思想，是根据以人为本的企业理念提出的。首先，企业管理者要具有宽广的胸怀，包容员工所犯的合理过失，给员工创造施展才能的机会。另外，管理者要严格执行公司制度，维护制度的威严，对于严重失职行为绝不姑息，使员工在一种严格管理氛围下工作。

管理者没有霹雳的手段，便没有权威；若一味严惩严打，员工则不会心服口服。优秀的管理者，总能把握好宽严的"度"。在原则和法规面前，管理者必须分毫不让，严厉无比；而在原则之外，为增强管理效果，老板还要善于以温和、商讨的方式对员工循循善诱。"打一巴掌给个甜枣吃"既让员工认识到自身的错误，又可以引导他走上正确的方向。

管理者在管控员工时，既不能使员工傲慢妄为，又不能使员工笨手笨脚、顾虑重重；要把火攻与水疗结合起来，既能给员工当头棒喝，规范其日常行为，又能与员工深入长谈，帮助员工成长。严惩不贷能够镇住局面，菩萨心肠能够凝聚人心。想要实现宽严相济，就要在以理服人的基础上，形成"宽"与"严"的良性互动，为企业创造良好的经营氛围，确保管理行为的实用性和有效性。

狮子一般的魄力就像一柄大锤，击碎挡在面前的每一堵墙，但是处理许多细小的事务却需要狐狸的智慧。二者水火相济，阴阳相辅，才能达到和谐、圆满的效果。

那些聪明又有魄力的领导，会让下属心甘情愿去执行命令，帮助企业选择人才，凝聚企业核心骨干，培养员工的意愿，培养员工的能力，影响教化员工的思想，让决策深入人心，促使团队全力以赴。

4　事必躬亲的人，没有做领导的命

很多企业，尤其是中小企业，由于刚刚起步，资金、人力不足，为了节约用人成本，他们的老板或管理者往往事必躬亲，一人多职、一人多劳。当公司逐渐发展壮大时，他们原本可以把那些不太重要的事情交给下属去做，但由于他们已经习惯了事必躬亲，所以依然凡事亲力亲为。因此，他们经常感叹"太忙了"，以至于有些重要的事务都无法及时处理，这直接导致工作效率的低下。

事实上，任何一个企业，当其发展到一定的阶段时，其经营形态必然会呈现出多元化、复杂化的趋势，其规模也会扩大，企业管理者还想事必躬亲，再也不是一件轻松的事情。毕竟管理者的精力是有限的，诸葛亮事必躬亲，落了个"出师未捷身先死"，试问，又有几个管理者比诸葛亮高明呢？

司马懿曾听说诸葛亮什么事情都自己来处理，当即断言："亮将死矣。"果不其然，不久之后，诸葛亮真的累死在阵前。可见，一个不懂得授权、事必躬亲的人，真的没有当领导的命，有的也许只是累死、累垮的命，这样怎么能管理好企业呢？

要知道，当一个领导者琐事缠身时，他往往没有时间和精力去聚焦重要问题。而且由于领导者事必躬亲，很容易导致新人没有成长的机会、能人没有发挥的机会。结果就会出现两种情况，要么是蜀中无大将、廖化为先锋，要么是干脆没有人才可用，最后领导者不得不事必躬亲。这样一来，悲剧性的恶性循环就诞生了。

汪先生是一家大型民营企业的总经理，他做事认真细致，凡事都要关注细节。就拿招聘员工这件事来说，公司每招聘一个员工，汪先生都会把关，即便临时的编制增加都要经过汪先生的批准。这样直接导致了汪先生忙得晕头转向，而且让整个管理层感到非常不爽。

公司曾招聘一个营销经理，这个职位在组织构架中属于中层经理，人事部逐级向上汇报，经过层层通报，最后汇报到汪先生这里。前来面试这一职位的不下 50 个人，经过层层筛选，最后推荐了 5 个人。当正式面试开始以后，大家才发现这几乎是一场马拉松式的进程。因为人事部的经理要面试，营销总监也要面试，大区经理还要面试，最后汪先生还要亲自询问。

有趣的是，除了汪先生之外，其他管理者在面试 5 个应聘者时，都不表态相中哪位，也不筛选，可能他们早已习惯了不做决定。在这个过程中，有 3 个应聘者无法忍受如此漫长的面试过程，中途退出了。剩下的两人最后见到了汪先生，据说汪先生的面试比所有管理者都仔细，他的面试持续了两个小时，但由于汪先生特别忙，因此等待一个面试往往要花一个月的时间。

经过 6 个月的折腾，终于招聘来一位营销经理。然而，最终获得这一职位的候选人陈涛上了半年班就决定辞职，询问陈涛原因，陈涛是这么说的："我最不能接受公司的是效率问题，连招聘一个促销员都需要大区经理申请，大区经理再向上级申请，下级管理者没有一点权力，有好的想法也不能及时实行。"

陈涛还说："在这里，每个管理者都是一个中转站，只要有汪总在，只要他这种管理方式不变，企业整个氛围就变不了。在这种氛围下，大家都觉得很累，都在假装干活，其实大家都没有创造多少价值。"

实际上，正常的面试流程根本不需要这么复杂、繁琐，只要人力资源部门的负责人面试应聘者，选出几个候选人，再将候选人推荐给营销总监面试即可。汪先生做事细致无话可说，但是他的做法直接导致下级管理者手中无权，也导致自己陷入忙碌之中，导致他在琐碎的事务中根本脱不开身。

一个真正优秀的领导者应该懂得放权，懂得什么事情是自己应该做的，什么事情应该交给下属。只有认清了这一点，他们才能轻松地从琐事中抽身而出，才能把主要精力放在影响公司命运、事关公司前途的问题上，才能把这些问题处理好，从而为公司的长远发展保驾护航。

美国投资大师乔治·索罗斯就是这么做的，他对部下采取"放任"的态度，把公司的很多事情都交给员工去打理。

他鼓励员工"先斩后奏"，经常对员工说："很多事情你们自己拿主意就好，不用事前向我请示，如果每件事情都向我汇报，会错失掉很多时机。"

当然，下放权力给员工，并不意味着管理者对员工的工作进展不闻不问，任由员工"胡作非为"，而是让员工主动承担起属于自己的责任。管理者只有做到了这点，员工才能有机会获得成长，也才能让自己告别"穷忙"一族，更好地去思考和把握企业发展的大局。

所以，聪明的领导者一定要懂得抓大放小，要懂得抓权，更应该学会放权，因为"分身"有术的关键在放权，管理好企业的秘诀也在于放权。只有真正放权，才能充分调动起每一个员工和下级管理者的聪明才智和工作积极性，才能把事业经营得红红火火。

5 不要当救火专家，让员工自己解决难题

管理者一定要认识到，即使你精力再旺盛，你也不可能拥有"分身术"，你也只有两只手。如果公司停水了你管，公司断电了你管，员工上班迟到、早退、抽烟你还管，那么你整天就陷入这些琐事之中，像一个救火队员一样，时刻追在问题后头，你又怎么有精力思考企业的战略决策，制定企业发展计划呢？

柯建是某公司的企划部总监，每当他和朋友谈及近况

时，他就会说："最近忙死了，公司有新品上市的企划，我要做产品定位、广告创意、软文写作、上市活动设计、物料制作等等一大堆的事儿，我还要巡视市场、拟定促销方案、媒体购买和执行促销活动……"

朋友们感到奇怪，就问："你是部门的领导，你手下还有一帮人，他们干什么去了？怎么都由你来干呢？"

"他们？别提了，他们有他们的事做，况且这些事他们也做不了……"

事实真是这样吗？当然不是，现在我们就来看一看，当柯建忙碌时，他的下属们都在做什么。

当柯建坐在电脑前面苦思冥想几个小时，只为写一个企划案时，他的下属们已经浏览了很多网页，然后在互联网上看一场长达两个小时的 NBA 直播；当柯建为了制定一份新的市场管理制度，把头皮都抓破了时，他的下属们已经聊完了国内明星的花边新闻，开始将话题转移到科比的风流韵事上了；当柯建为了一份印刷品、几样物料、一则报纸广告，多次往返于公司与印刷厂、广告公司、报社之间时，他的下属们正在办公室吹着空调，吃着零食，天南海北地神侃瞎聊。

为什么柯建不将手头的工作分一部分给下属做呢？他完全可以安排下属做市场调研，安排下属负责软文写作，安排下属拟定促销方案。难道他担心下属做不好？如果他的下属连这些技术含量较低的工作都无法胜任，那当初公司又为什么经过层层筛选，将这些人招进他的部门呢？

请不要笑话柯建，因为很多管理者和柯建有类似的表现——上班比谁都早，下班比谁都晚，做的事比谁都多，整天忙得晕头转向，而他们的下属却闲得没事可做，只好通过上网、玩游戏、看新闻、聊天来打发时间。管理者为什么有那么多事情要做呢？因为很多原本不属于他们的事情，都被他包揽下来了，结果导致下属没有解决问题的自主权，让下属感受到领导的不信任，极大地打击了下属工作的积极性，这样怎么可能带好团队呢？

当今社会，企业处于瞬息万变的市场环境中，要想在竞争中处于领先地位，管理者就有必要整合全体员工的智慧，迅速地制定决策以把握市场良机。这就要求给员工一定的自主权，让员工有独立解决问题的权力，而不必层层上报、等待审批。

在这方面，美国达纳公司就做得很好，他们充分尊重员工的自主性，给员工自己解决问题的机会，他们认为这对员工来说是一种信任，可以激发员工的自信和潜能，同时也是锻炼员工的一种有效方式。

如果你也能够给员工一定的自主权，注重提高员工自我完善、独立解决问题的能力，那么得到信任和鼓励的员工肯定会主动承担起更多的工作，从而发挥团结协作的精神，更好地完成工作任务，使企业的工作绩效大大提高。

6 不想自己累趴下，就把潜力股培养成"接班人"

诸葛亮屡出奇谋，帮刘备三分天下，鞠躬尽瘁，死而后已。千百年来，他已经成为智慧的象征，长留于中国人的心中。然而，蜀国还是灭亡了，而且是三国中最先灭亡的。为什么蜀国会有这样的结局呢？其实，这里有诸葛亮的责任——没有把有潜力的人培养成接班人。

自从刘备白帝城托孤以来，诸葛亮事必躬亲、不辞劳苦，但他唯独忽视接班人的培养。当他用兵点将时，我们很难看到核心团队成员参与决策，多数时候是诸葛亮一个人在决策，致使广大谋臣缺乏实战决策的锻炼，造成后来"蜀中无大将，廖化充先锋"的局面。

尽管后来诸葛亮选定姜维为接班人，其实主要是让他做事，在如何制定战略、如何处理内政等方面缺乏悉心的培养和指导。诸葛亮如此做法，就连他的对手司马懿也觉得不行，司马懿说："孔明食少事烦，其能久乎！"意思是，每次吃得那么少，事务繁杂、事必躬亲，肯定活不长。果然，最后诸葛亮积劳成疾，一个人干到死。蜀国随着他的逝世，形势急转直下，很快就灭亡了。

回到企业管理中来，有不少管理者立志高远，雄才大略，经过一番艰辛的打拼，终于使企业站稳脚跟，但是打江山容易，管理江山却不简单。公司规模越大，员工数量越多，他们管理起来越累，他们和诸葛亮一样，不重视培养接班人，事必躬亲，于是我们看到很多企业出现了"活不过三代"的现象。

有一项调查显示，在民营企业中家族企业占90%。但由于找不到合适的接班人，95%的家族企业无法摆脱"活不过三代"的宿命，90%以上小企业甚至活不过两代。当然，也有企业管理者注重培养接班人，使企业得到了很好的传承，加速了企业的发展和壮大，使企业越来越有生命力。在这方面，联想公司就得益于柳传志重视培养接班人，并培养出了合适的接班人。

在20世纪90年代中期，柳传志就开始着力培养联想的接班人，他把杨元庆、郭为作为接班人的重点培养对象。柳传志的主要做法是一方面让他们逐渐参与决策、参与管理，一方面在价值观、思想方法甚至工作技巧等方面，与他们求得一致。

柳传志要求他们主动思考，把自己当成创造执行的发动机，而不能做被动式接受、传递的齿轮。在工作上，柳传志会指导他们，但是绝不代替他们。同时，柳传志还把权责利说得很清楚，然后放手让他们去施展才能，在工作中锻炼自己。

柳传志的做法有这样几个好处：一是群策群力，避免重大决策失误；二是让杨元庆和郭为有职有权，充分调动了他们的积极性；三是当他们有能力独当一面时，柳传志可以腾出时间和精力思考公司发展更重大、更长远的问题。

从如今联想的发展来看，柳传志在培养接班人一事上是比较成功的。先有杨元庆、郭为，后有朱立南、陈国栋、赵令欢，在他们背后还有一批优秀的干将，使整个联想大家庭的人才队伍充满厚度。

在IBM，有一个接班人计划，俗称"长板凳计划"。IBM要求管理者必须确定，在未来一到两年之内，谁来接任自己的位置。在未来三到五年之后，又由谁来接任。这样做是为了保证每个重要的管理岗位都有至少两个接班人。

"长板凳计划"是一个完善的系统，在该系统中，有一个标准、两个序列、三种方式和评委审定。所谓一个标准，指的是领导力模型；两个序列是指行动和专业；三种方式是指案例培训、实践磨炼和发掘"明日之星"。明日之星环节完成之后，待成绩通过，才有资格成为正式的经理人。

每一年，IBM都要在全球5000多名管理者中挑选近300人作为重点培养对象。这种培养主要包括四个阶段：第一阶段是专业能力、专业技能训练；第二阶段让培养对象在不同的工作岗位上获得不同的经验；第三阶段是以业绩为导向的考核，使每个培养对象的能力得以释放；第四阶段是要求培养对象将个人的成功扩大到团队。IBM的这种培养接班人的方式，就很好地避免了在接班人选择上的失误。

对于很多中小企业来说，也许做不到为世界500强企业培养杰出的CEO，但完全可以为自己的企业发展培养优秀的接班人。有了合适的接班人，企业管理者就不用担心：如果哪一天，企业没有了我，会陷入瘫痪。正如保洁公司的前任CEO雷富礼所说："如果我下周乘坐飞机失事，第二天一早就会有人接替我的位置。"

尽管企业管理者的人生充满了无法预知的状况，比如，病痛、灾难等，但并非所有的管理者都能像柳传志、雷富礼那样，如此坦然地面对接班人的培养问题。与柳传志在同一时期创业的企业家，大多数习惯了"一手抓"，他们都是企业强人。比如，宗庆后兼董事长、总经理、副总经理于一身，创办企业30余年，却没有带出一支可以信赖的团队，这是不明智的。如果你想缓解公司的接班人危机，不妨像柳传志那样，把有潜力的人才培养成接班人。

02

别给员工讲道理，
没人听

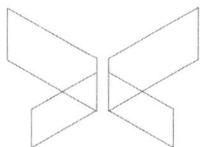

每个人都有固定的思维模式，每个人都有自己的思想和理念，都有看问题的不同角度。身为老板，如果你只是站在你的角度跟员工讲道理，讲得多了，就成了乏味空洞的理论。如果你喜欢说教，喜欢讲道理，而无法有效带人，那你永远无法成为优秀的企业领导者。真正优秀的领导者是雄狮，从不会和员工讲道理，一个团队战斗力的关键，要看领导者是否具有强大的掌控力。

1 管理好，公司兴；管理乱，公司衰

打江山容易，守江山难。相比于带领团队打天下，在打下天下之后，如何治理天下、管理天下，让属于你的天下稳步地发展，会有更大的难度。很多创业者带领一帮员工风风火火"闯九州"，闯下"九州"之后，却意味着事业的止步甚至终结。有一项调查显示，中国的中小企业平均寿命不到3年，这就是"守江山难"的最好例证。

为什么会这样呢？因为打江山时，人们会想：我什么也没有，放手一搏，失败了也没什么。在这种心理状态下，他们会有一股勇往直前、毫无畏惧、破釜沉舟的精神。在与困难斗智斗勇、反复周旋的过程中，不断地获得成功，自信心、进取心会一步步被激发出来，最终取得胜利。而守江山时，人们容易因骄傲而失去危机感，或因取得成就而自以为是，认为自己无所不能，于是轻率冒进。

当然，最根本的原因在于，管理一个公司是一门深奥的学问，管理不当公司就会陷入混乱，这样公司就很难继续发展下去。如果企业管理得当，公司就会有生生不息的生命力，一代一代地传承下去。这一点在著名的美国杜邦公司的

发展历程中，就有明显的体现。

杜邦公司从 1802 年创立至今，已经有 200 多年的历史，是世界 500 强企业中最长寿的公司。它之所以如此长寿，得益于杜邦家族在企业制度上的不断创新。

早期的杜邦公司在管理上，崇尚个人英雄主义，尤其是亨利·杜邦掌权时，就特别独裁，哪怕是细微的决策他都要亲力亲为，所有的支票他亲自开，所有合同他亲自签。这种管理方式在他 39 年的任期内取得了较好的效果，将公司的发展带到了一个前所未有的高度，并帮助他建立起了杜邦帝国。这种成功得益于亨利·杜邦超强的个人能力，而不是得益于完善的企业制度。因此，当他卸任之后，杜邦公司就出现了危机。

1889 年，亨利·杜邦去世，他的侄子尤金成为接班人。但由于他的管理经验不足，能力有限，导致公司的效益大衰退，差一点就葬送了杜邦。杜邦家族见到这种情况，马上意识到问题，于是决定改行集团式经营的管理体制。

在新的管理架构下，最高决策权依然掌控在杜邦家族手中，但他们拒绝亲力亲为，而是把执行权交给执行委员会。同时，杜邦公司实行制度化管理，而不是仅仅靠人来管理。自从实行这种管理模式后，杜邦公司的效益显著提高。

但是，决策权过于集中也有缺陷，因为市场瞬息万变，杜邦家族在做决策时，很难适应市场的变化。鉴于这种情况，杜邦公司开始深化管理体制改革，把权力下放给分部，这再一次促使杜邦公司获得大发展。

然而，在激烈的市场竞争中，杜邦公司在20世纪60年代初遇到了一次严重的危机。当时他们不得不出售10亿多美元的通用股票，导致公司多年的优良资产被剥离。同时，公司控制的美国橡胶公司也被洛克菲勒家族抢走。

出现这种问题，说明原有的经营模式不再适应公司的发展。于是，科普兰·杜邦临危授命，出任杜邦公司的第11任总经理兼董事长，并改变了原有的经营方针。1967年底，科普兰放弃总经理一职，让非杜邦家族的马可担任总经理。科普兰还放弃了财务委员会议长的职位，他只担任董事长一职。由此，杜邦公司"三驾马车"式的体制正式成立。1971年，科普兰又让出了董事长的职务。

科普兰对管理职务的放弃在杜邦发展史上是一个创举，因为在他之前，杜邦家族以外的人无权担任公司最高职务。但是他果断抛弃了故步自封的家族习俗，结束了杜邦公司长达170年的专制。从此，杜邦公司从家族企业转变成现代巨型的总经理式企业。

从第11任总裁科普兰至今，尽管杜邦公司换了8任董事长，但公司的制度一直沿袭了下来。由此我们可以发现，杜邦公司之所以能长久地发展，不在于由谁管理，而在于用什么样的制度来管理。因为单凭人来管理，受限于人的能力，会产生截然不同的管理效果，但用制度管理，按制度执行，一切就会在制度的规范下正常地运转。所以，管理定江山，本质上是制度管理定江山。

其次，杜邦公司的发展还告诉我们，企业制度并非一成不变，而要随着现实环境不断地调整，不断地创新。科普兰的制度变革就体现了这一观点。可以说，杜邦的可持续发展与它的制度创新是分不开的。

所以，领袖是打天下的"王"，制度是定江山的"王"。一个企业有怎样的统帅，关系到这个企业能否打下江山，而一个企业有怎样的制度，关系到这个企业能否长久发展。只有坚持"制度为王"的管理思想、"创新为本"的管理模式，企业的江山才能永固。

2　没有管不好的下属，只有不会管的领导

一位成功的企业领导人曾经说过："总经理的要义就是发动其他人去工作。"任何一个企业，都不应该把管理者推到绝对"主角"的位置上，真正拥有健康企业文化的公司，它的"绝对主角"永远只有一个——员工。

企业领导的工作任务说白了，就是管理和监督。企业的发展离不开员工之间的团队合作，而管理好团队，最重要的一点就是激励员工，给他们信心和动力。企业的目标是号召和指挥千军万马的旗帜，是企业凝聚力的核心。

领导者如果激励有术，就能全面激发员工的工作热情，凝聚团队的力量，实现企业、个人的飞速增长。当然，要想充分调动员工的积极性，就要从根本上加以改变，掌握一定的技巧，从而激活每一位员工。

事实上，任何一个员工都有自己所期望的工作目标，目标可以以实体为对象，如产量、质量、利润、成本等，也可以以精神为对象，如思想水平、道德风尚等。有了目标，员工就会感到有奔头。

联想集团的激励在不同时期有不同的做法。这种变化尤其体现在对不同激励对象所选择的不同目标上。

第一代联想人大部分都是中国科学院计算所的科研人员，年龄在40岁至50岁之间。他们富有学识但自感得不到施展，一面是看着国家落后，一面是自己不能更好地为国家多做一点事。这类人对物质的要求不高，足够温饱就知足，他们的集体荣誉感很强，因此，联想在这一时期的激励也体现以精神激励为主的特点。

20世纪80年代末，随着社会的不断进步，一批又一批的新员工加入到联想的队伍中来，新一代员工更加注重个人价值的实现，有了更为明确的物质要求。联想领导层为了实现激励团队工作的积极性，同时提高发展速度，这才将激励从精神层面过渡到了物质层面。

联想激励方式的不断转换，说明管理其实就是一个不断激励员工的过程。人类天生就有一种想要得到肯定的愿望，作为老板，要善于通过多种激励方法，把员工的潜在能量充分地挖掘出来。

从发展趋势来看，企业管理的中心正在由"以物为中心"逐步转移到"以人为中心"上来，管理方式也由原来的"刚性管理"逐步朝着"柔性管理"迈进。得人心者得天下，管心才是管人的根本。企业要想尽早实现人本管理，就必须重视人才，善于招贤纳士，并坚定不移地贯彻"人是最重要资产"的管理理念。

韩国的三星集团创办于1938年，成立之初是一家从事进出口贸易的小公司。上世纪50年代以来，企业发展势头迅猛，现如今已成为全球知名品牌。是什么让三星从一个不知名的小企业成长为今日的行业巨头？在谈到三星的成功时，集团董事长曾直言不讳地指出：我们奉行"人才第一"的原则。

在人力资源的开发和运用上，三星集团可以称得上行业典范。只要是被录用的员工，不管是基层还是管理层，三星都会投入大量金钱、时间以及资源对其进行培养和训练。为了更好地培训员工，三星集团斥巨资专门设立了培训中心，这在现代企业当中是十分罕见的。

作为韩国第一家设有培训中心的企业，三星集团有着完善的培训体制，每年每位员工都要到该中心接受3次以上的进修，学习新技能，探讨新技术。管理高层对员工的进修也十分重视，三星董事长曾在亲临培训班的讲话上明确表示："三星的人都是精英，要集合所有精英的力量，才能发挥最大的作用。"

管人最重要的一点是凝聚人心。对那些有干劲、有才智的人，三星毫不吝啬地予以奖励和提拔。对员工的工作评定每半年进行一次，业绩显著者都会得到不同程度的奖励，获得很多的晋升机遇，特殊人才，还会被破格提升。始终把人放在管理的首位，正是三星集团迅猛发展的内在动力。

企业管理的重中之重是管人，管人的重中之重是管心。只有上上下下相互尊重，情感融洽，才能在合作中充分调动每个人的工作积极性，并发挥出人才的最大潜能。

作为领导者，要想搞好管理工作，必须要赢得人心。员工为企业做出了贡献，理应给予其相应的回报，并为其提供更大的舞台和发展空间。只有这样，所有人才能拧成一股绳，劲往一处使，使企业更加快速地发展。

没有管不好的员工，只有不会管的管理者；没有带不好的团队，只有不高效的激励。员工，是公司财富的主要创造者，也是公司创意的来源和主体。作为老板，只有在工作中运用自己的能力，调动下属的积极性，才能让公司获得更好的发展。

3　别给员工讲道理，没人听

小时候，犯了错误，父亲会把我们叫到跟前，滔滔不绝地跟我们讲道理："你怎么会犯这样的错误呢？不知道这样做不对吗？"长大后，进入公司，如果犯了错误，领导者也会把我们叫过去，喋喋不休地跟我们讲道理。知道吗？我们已经很反感别人给我们讲道理了，员工也有同样的心理。

有一次，一位领导和下属谈话，下属的情绪有点低落，领导就劝她几句。怎么劝说呢？无非就是讲一些大而空的道理,领导讲的时候见下属没吭声,于是继续讲。突然下属忍不住了,大声说:"你真不愧是领导,这么会讲道理。"一时间,领导明白了什么意思,知道讲道理激起了下属的反感。

也许很多领导者不知道,下属听你讲道理的时候,表面上不吭声,甚至对你点头表示认可,实际上他们心里早已厌烦,只不过出于对你的尊重,不好意思让你难堪,才忍气吞声地接受。他们在听的时候,早已经左耳进,右耳出,你的大道理对他们根本没有作用。

一位女职员和朋友谈起领导,说:"领导经常给我讲道理,好像他知道的东西多,我就是不懂事的小孩子一样,特别让人讨厌。"

朋友说:"那是领导关心你,才会找你谈话,跟你讲道理,是为你好啊!"

女职员说:"我才不稀罕。他讲道理时,我听也是左耳听右耳出,他说也白说。"

从这段对话中,我们可以发现:讲道理是没有效果的沟通。所以,聪明的领导者,千万不要给员工讲道理,因为没人愿意听。当一个领导者想通过给员工讲道理来解决问题时,他已经落于下风了,这是管理上的无能。

有一位企业的人力资源经理说,她在日常管理中,最喜欢"讲道理",她每天都会花大量时间去"讲道理"。当员工发生冲突时,她去讲道理;当部门之间配合不好时,她也去讲道理;当下属不支持她的工作时,她也去讲道理。可是,当别人问她:"讲道理能解决问题吗?"时,她却一脸无奈地说："唉，这些人都不讲道理。"

事实上，真正优秀的领导者，不会和员工讲道理，而是和员工讲故事。通过讲故事，来表达一种观点，引起员工思考。而且这个故事往往很有趣，很有深意，让人听了之后，久久忘不掉，这样就能持久地发挥影响。通过讲故事来表达观点，激励员工，是一种趣味性的沟通，绝不同于讲道理来强迫员工接受，所以，效果往往比较好。

一个人力资源经理跳槽到一家新单位，上任伊始，老板为了让他在公司树立威信，公布任命之后，就让他发言。他站起来，很幽默地说："我是一头驴。"大家一听，顿时哄堂大笑。

接着，人力资源经理说："我们家乡有一头驴，一天它不小心掉到枯井里，在井里凄惨地叫了好几个小时，主人想了很多办法，都没有把它救起来。最后，他决定用土把驴埋在枯井里，一来免得驴子活活饿死，二来避免其他东西再次掉进枯井里。于是他找来村民帮忙，大家抓起铁锹，开始往井里填土。一开始驴子恐慌地嚎叫，不一会儿，驴竟然安静下来，当村民把土铲到它背上时，它迅速地把土抖落下来，然后狠狠地用脚踩结实。就这样，驴一点一点地升到了井口。"

讲到这里之后，人力资源经理又说："我现在还说我是一头驴，大家还觉得好笑吗？"在沉静片刻后，大家报以热烈的掌声。掌声渐停后，人力资源经理说："我的存在就是和大家一起抖落身上的土，希望全体成员和我一样，配合我的工作，为公司清除发展中的障碍，为公司的发展贡献一份力量。"这时全场再次掌声雷动。

如果你不给员工讲道理，而是给员工讲故事，并且故事有寓意、有深意，而且讲得生动有趣，那么你将成为一个受人欢迎的领导者。领导力大师约翰·科特认为："故事长驻大脑，因此带来变化，有机会影响员工的行为。"因此，从今天开始，尽量不要和员工讲道理，试着给员工"讲故事"，用故事阐述道理，用故事引导员工改变行为，这样效果会更好。

4　与其吼破嗓子，不如做出样子

"二战"时期，美国著名的巴顿将军说过一句非常有名的话："在战争中有这样一条真理：士兵什么也不是，将领却是一切……"巴顿将军为什么说这句话，这句话到底是什么意思？我们不妨先来看一个故事：

有一次，巴顿将军带领一支军队行进，途中汽车陷进了泥潭。巴顿将军命令道："你们这帮混蛋赶快下车，把车推出来。"大家按照命令下车推车，最后，终于把车推出来了。当一个士兵准备抹掉身上的污泥时，他惊讶地发现，身边还有一个满身都是淤泥的人，他就是巴顿将军。这个士兵一直记着这件事，直到巴顿将军去世，他才在其葬礼上对巴顿的遗孀说起这件事，他说："夫人，我们敬佩他！"

巴顿将军说的那句话，其意思是：士兵的状态，取决于将领的状态；将领所展现出来的形象，是士兵学习的标杆。如果你希望士兵成为什么样子，那就做出那个样子给他看，这样对士兵才有激励作用。

其实，巴顿将军所说的话不仅体现在军队管理上，在任何一家企业、组织、团队中都适用，凡是能够带领团队取得辉煌成绩的领导者，必定是一个懂得以身作则、率先垂范的领导者。简单地说，就是"与其喊破嗓子，不如做出样子"。

作为一位企业领导者，不知你可曾想过这样几个问题：为什么有些企业员工能够做到遵守制度，有些企业员工则把企业制度视为一纸空文？为什么有些企业员工在没有加班费的情况下，仍然自愿加班，而且工作非常认真，而有些企业员工的表现恰好相反？为什么有些企业员工接到任务后，毫不拖延，坚决执行，而有些企业员工则找借口不执行？

对于这种不同，我们不排除员工个人的职业素质和品德操行，但造成这种差别的还有一个重要原因，那就是领导者是否有威信和魅力，是否做好了表率？古语说："己欲立而立人，己欲达而达人。"意思是自己想要站得住，也要使他人站得住，自己欲事事行得通，也应使他人事事行得通，通俗地讲就是，只有自己能做得到，才能要求别人去做。对于企业管理者来说，不只是高声命令能使下属屈服，以身作则对员工更有说服力和影响力，更容易凝聚人心。

一天，IBM公司的老板汤姆斯·沃森带着客户前去厂房参观，走到厂门口时，被警卫拦住了。警卫对沃森说："对不起先生，您不能进去，我们 IBM 的厂区识别牌是浅蓝色的，行政大楼工作人员的识别牌是粉红色的，你们佩戴的识别牌是不能进入厂区的。"

沃森的助理彼特见状，大声对警卫说："这是我们的大老板，陪重要的客人参观。"警卫可不认识老板，他说："这是公司的规定，必须按规定办事！"警卫的做法赢得了沃森的认可，他对皮特说："他讲得对，快把识别牌换一下。"于是，所有的人更换了识别牌。

在很多公司，领导者制定制度、出台规定，似乎都是针对普通员工的，他们自己在遵守制度方面做得并不好。比如，公司规定上班不得无故迟到早退，有些领导者自己却经常上班姗姗来迟、下班先人一步；大厅中明明写着"请勿吸烟"，可是烟瘾上来了，最高管理者抽一支，别人也不敢讲什么；公司规定员工进入生产车间必须戴安全帽，可是领导者却做不到。

要知道，领导者所起到的就是标杆作用，你的一言一行、一举一动，都被众人看在眼里，如果领导者扮演的是制度、规定的破坏者，那么在团队成员心中，还有什么威信可言？所以，强烈建议领导者把"照我说的做"改成"照我做的做"，这样才能树立起领导的威信，才能凝聚人心，提高团队的战斗力。

土光敏夫是一位受人尊敬的企业家。1965 年，他出任东芝电器的社长。虽然当时东芝公司人才济济，但是由于组织规模过大，层次过多，管理不善，员工积极性不高，导致公司效益低下。

土光敏夫上任之后，提出了一个口号："一般员工要比以前多用3倍的脑，董事则要多用10倍，我本人则有过之而无不及。"这个口号一出，代表着整顿东芝计划的正式开始。土光敏夫以身作则的表率作用，在杜绝浪费方面表现得非常明显。

有一天，一位东芝的董事想参观名叫"出光丸"的巨型油轮。这艘巨型油轮土光敏夫已经去过9次，所以，他表示愿意带路。那一天是休息日，他与那位董事约好在樱木町车站的门口会合。当董事乘公司的车来到会合地点时，土光敏夫已经等候在那里，董事礼貌地说："社长先生，抱歉让您久等了。我看我们就搭您的车前往参观吧！"他以为土光敏夫乘公司专车来的，但是他错了。

土光敏夫说："我并没乘公司的轿车，我们去搭电车吧！"听了这话，董事当场愣住了，他羞愧得无地自容。为了杜绝浪费，使公司资源合理化使用，土光敏夫以身作则，搭乘电车，给那位浑浑噩噩的董事上了深刻的一课。这件事很快就传遍了整个公司，全体员工立刻产生了警觉，大家不敢再随意浪费公司的资源了……

以身作则是领导者不可缺少的素养，因为严格地要求自己，才能对员工起到表率作用。在这方面，著名化妆品公司创始人玫琳凯就做得很棒，她每天把未完成的工作带回家，而她的人生信条就是："今天的事绝不拖到明天。"

虽然她从未这样要求员工，但在她的影响下，几位助理及秘书都养成了不拖延的工作风格。由此可见，喊破嗓子不如做出样子，对引导和规范员工的行为多么有效。

5 用最高的位置把最有本事的人留下来

企业把优秀的人才聚集过来，才算成功了一半。如果不善于留住人才，那么人才只能是企业的匆匆过客，对企业的发展就起不到推动作用。

古往今来，因不善于留人才，导致人才得而复失的事例比比皆是，比如陈平、韩信等人，当年曾在项羽帐下供职，但是项羽不识才、不懂得留才，最后导致这些人转而投奔刘邦；荀彧、荀攸、郭嘉等人也曾在袁绍手下效力，但袁绍与项羽一样，不懂识人，不善用人，最后他们才转投曹操。

通过这些事例，我们会发现：在得到人才之后，一定要想方设法留住人才。只有留住人才，才能长期地使用人才，人才价值才能发挥出来。说到留人才，我们就不得不提用职位留人。许多优秀的领导者，都善于用"职位"作为留人才的筹码，并取得了很好的成效。在这方面，三国时期的刘邦、曹操就是典型代表。

我们先来说说项羽和刘邦。项羽对待部下，一向以礼相待，但是，在加官晋爵方面，他做得非常不好，一直不愿意提拔非项氏的文人，或者说不能及时提拔，这才导致一些人才不愿意为他效劳。韩信就是最典型的一人。相比之下，刘邦就做得非常有智慧。当他发现人才后，往往会因才、因功大加封赏，并给属下加官晋爵，所以，很多人才都纷纷投靠他，并终生为他效劳。

说完刘邦，我们再来说一说曹操。曹操是个善于识人才的领导者，当他发现某个人是人才之后，不仅会为他提供建功立业的机会和舞台，还会论功行赏、赏罚分明，并且把"名利"一起砸过来，对人才加官晋爵，人才不要都不行。曹操在用职位留人方面，最典型的一个例子就是对待荀彧。

公元191年，29岁的荀彧从袁绍那儿跳槽到曹操麾下。曹操见荀彧来投，十分高兴，他把荀彧比作张良，并任命荀彧为司马。别看司马一职不是很高，但要知道，曹操当时也才是奋武将军，司马的位置基本相当于是"参谋长"的职务。一时间，荀彧得了张良的美誉，身居"参谋长"的职位。这不禁让荀彧钦佩曹操的风范和智慧，他能不感激涕零，对曹操忠心耿耿吗？

后来，随着曹操势力的壮大、地位的不断提高，荀彧官拜汉侍中、授尚书令。尽管后来荀彧失去了曹操的信任，但他依然对曹操不离不弃。由此可见，曹操在留人才方面多么成功。

在对待荀彧这样的人才上，曹操表达出留人的极大诚意。至于荀攸、贾诩、程昱、刘晔、曹仁、曹洪、夏侯惇、许褚等人才，曹操也给他们相应的官爵，为他们提供建功立业的机会，给予他们好听的封号，回馈他们丰厚的利禄，并且恩泽其后代。

很多人的心中，都有根深蒂固的官本位思想，很多优秀的人才都渴望获得升迁。比如，业务员想当主管，当了主管想当经理。所以，对待优秀的人才，给他们加官晋爵、给他们荣誉和表彰是很有必要的。

卡罗·道恩斯原本是一个收入颇丰的银行职员，为了更好地发挥自己的才能，他辞去了银行职员一职，进入到杜兰特公司，这就是后来声名显赫的美国通用汽车公司。在工作半年之后，道恩斯想知道公司总裁杜兰特如何评价自己的工作，于是他给杜兰特写了一封信，并在信的最后问道："我是否可以在更重要的职位从事更重要的工作？"

杜兰特看了这封信之后，在上面做了批示："现在任命你负责监督新厂机器的安装工作，但不保证升迁或加薪。"然后，杜兰特把施工图纸交给道恩斯，要求他按照图纸施工，想看他做得如何。

道恩斯从未接触过这方面的工作，也没有接受过任何培训，但是他接到任务后，认真研究了图纸。遇到不懂的问题时，他会向相关的人员请教，很快，他就把这项工作弄明白了。最后，提前一周完成了杜兰特交给他的任务。

当道恩斯来到杜兰特的办公室汇报工作时，他发现杜兰特办公室旁边的一间办公室的门上，写着"卡罗·道恩斯总经理"。这是怎么回事呢？原来，这是杜兰特给道恩斯的专门办公室，他已经决定提拔道恩斯担任公司的总经理，而且年薪是原来的10倍。

杜兰特为什么要这么做呢？他对道恩斯是这么说的：

"我给你那些图纸时，我知道你看不懂。但是我要看你如何处理。结果我发现，你是个领导人才。你敢于直接向我要求更高的薪水和职位，这是很不容易的。我尤其欣赏这一点，因为机会总是垂青那些主动出击的人。"

杜兰特对待卡罗·道恩斯的这个案例，给所有的管理者们上了一堂深刻的"留人课"。他告诉我们，当你发现某个员工是个人才时，应该立即赋予他相应的职位，尤其是当人才自己提出想担任更高的职务时，管理者更要重视满足人才的职位要求。

假如杜兰特不接受道恩斯的晋升请求，让道恩斯在自己不满意的职位上工作，想必道恩斯也会离开公司。这也是韩信离开项羽、荀彧离开袁绍的真正原因。优秀的人才，往往不甘于在平常的职位上，他们渴望在更高的职位上展现自己的才能，如果领导者给他们期待的职位，他们会感觉受到了认可，从而更努力地为公司效力。

6 带出一群精兵强将是企业发展壮大的关键

很多管理者个人能力很强，在某一领域甚至称得上是专家，但是他们不一定能带领好一支团队。因为他们习惯了做执行中的主角，喜欢大小权力一把抓，喜欢让员工当他们的助手，最后他们取得了突出的业绩，而员工的表现却很一般，整个团队的战斗力也没有得到提升。

美国著名管理学家哈默有一个朋友，他在公司是领导者，每天除了要与客户进行电话联络外，还要处理公司的大小事情，桌子上的公文一大堆，每天他都忙得不可开交。

后来，这位朋友对哈默说："我做的事情太多了，我的员工却只做简单的工作，也不愿意动脑筋思考问题。"

哈默对他说："我不否认你的个人能力，但是作为领导者，你是不称职的，因为虽然你很优秀，但是你却没有让员工变得更优秀，你的团队依然停滞不前。这对公司发展是意义不大的，因为公司的壮大靠的不是一个或几个领导者，更多的应该靠广大员工，靠整个团队的付出。"

一个优秀的管理者，即使不吃不喝、不睡觉，一天也只有 24 小时可供使用。若不能充分调动员工的积极性，让员工变成精兵强将，那么单靠管理者个人的力量，是不可能推动企业发展的。因此，管理者的工作重点应该是建设团队，让团队成员变得更优秀，这才是企业发展壮大的关键。

怎样才能让团队成员变得更优秀，让团队力量壮大呢？毫无疑问，答案是正确地用人、选好人、用好人、用对人，并让每个人都有强烈的团队意识，相互间保持协作与支持。同时，作为公司的最高领导者，要在中层管理者心中树立这样一种管理理念：带出一群精兵强将才是你应该做的事，表现自我、突出自我，忽视对员工进行培养，是不值得提倡的。这样，中层管理者们才不会以个人的业绩为荣，而以他们各自团队的业绩糟糕为耻。

刘先生和吴先生分别是一家公司两个营销团队的主管，

两人水平不相上下。工作上，刘先生认真负责，工作之余，他有强烈的学习意识。一年下来，他的个人业绩在全公司名列前茅，而且拿了很多重量级的资质证书，他以为这样可以在不远的将来，为自己的职业晋升增加筹码。

然而，一年后总公司市场部经理一职空缺，公司打算从公司内部提拔人才担任市场部经理，刘先生信心满满，很多员工也认为市场部经理一职非刘先生莫属。可是当公司宣布市场经理的人选时，刘先生彻底傻眼了，这个人不是他，而是吴先生。

刘先生非常气愤，他找到公司老板，说："我的市场营销能力大家有目共睹，去年我的业绩全公司第一，我这么出色，为什么不让我，而是让吴先生做市场总监？"

老板平静地对刘先生说："我知道你的业务能力很强，而且你考了很多资质证书，这证明你个人水平、能力十分出色，但并不代表你带领团队的能力出色。你看看，去年你的业绩非常突出，可是你的团队总业绩却很糟糕。这一年你的团队业绩与前年相比，没有任何增长，而吴先生担任营销主管的一年里，让他团队的总业绩比往年翻了5倍，虽然他个人的业绩不如你，但是他给公司带来的效益却是你的5倍，这个你不得不承认。"

听到这里，刘先生无话可说了。这时，老板对刘先生说："也许你完全有能力培养出优秀的下属，也让你的营销团队变得更加有战斗力，希望你今后朝这方面去努力，而不是一味地追求个人的业绩。要知道，公司考核你的业绩主要是看你所带领的团队为公司创造了多少利润，而不只是根据你个人的业绩来考评你。"

刘先生说："那么我该怎么做呢？我有时候担心下属的业绩会超过我，所以我总是抢着接单。"

老板说："在这方面，你可以向吴先生学习，他花费了大量的精力和心血，为公司培养了 5 名非常优秀的业务骨干，他们在销售方面的技能非常出色，甚至都超过了吴先生，但是吴先生丝毫不担心他们超越了自己，因为他始终看的是团队的业绩。"

一个优秀的管理者不但要自己会打仗，更要让下属们都成为精兵强将，成为独当一面的人物，这样公司才会有希望。因此，管理者要努力把下属培养成人才，培养出一个有战斗力的团队，而不仅仅是追求个人业绩。在这方面，杰克·韦尔奇为广大管理者做出了一个榜样。

杰克·韦尔奇曾经说过："我的主要工作是培养人才。我就像一个园丁，给公司 750 名高层管理人员浇水施肥。"管理者不仅要对企业和上级承担责任，还应该对下属负责，指导他们完成工作任务、帮助他们成长。当下属的能力不断提高，当他们变得越来越优秀时，团队的战斗力自然会提高，企业才会茁壮成长。

03

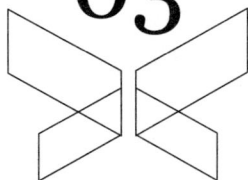

带好了人心，
管理就没那么难

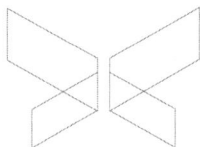

　　一个只会管事的人只能叫"总管"，一个会管人的人才称得上是领导者。管人的精髓在于管心，管好了人心，你才能人心所向，才能让员工从行为上、精神上都有一种自动自发的意识，使大家为团队的目标积极主动地开展工作，并形成一种职业化的习惯，最终实现员工的自我管理、自我发展和自我进步，当然，最大的赢家是企业这个团队。所以，管事先管人，管人要管心，从心开始做管理，你才能成为优秀的管理者。

1　好的管理者首先是一位心理学大师

有些管理者深得民心，走到哪里都能被欢声笑语、掌声鲜花围绕。在他们下达命令之后，下属绝对服从，立即执行。而有些管理者不得人心，他们所到之处，周围员工死气沉沉，当他们离开之后，大家背后议论、抱怨。在他们下达命令之后，下属们磨磨蹭蹭，不愿意行动起来。同样是在企业管理界"混"的两种人，怎么受到的待遇差距这么大呢？

其实，他们的差距在于：前一种管理者懂管理，后一种管理者不懂管理。要想懂管理，必须懂人的心理，并根据人的不同心理，采取有针对性的管理方法，这样才能管理好团队。世界上，但凡优秀的管理大师，他们首先都是一个心理大师。因为只有懂人的心理，管理者才能与下属更好地相处、沟通，才能游刃有余地驾驭下属，才能更好地激励下属。

1981年，由于市场萎缩，美国马萨诸塞州巴莫尔的戴蒙德国际纸板箱厂效益糟糕，工人们十分担心自己的前途，工作态度消极，一个个唉声叹气、抱怨连连。

公司管理层看到这种状况，心中十分担忧。他们聘请专业的调查人员针对全体员工做了一场对企业满意度的调查，调查结果显示：65%的员工不愿意尊重公司的管理层；56%的员工对工作感到悲观；79%的员工认为自己的付出没有得到应有的报酬。

针对这个调查结果，管理层推出了"100分俱乐部"计划，即无论哪位员工，只要一年下来，所取得的工作绩效高于公司规定的平均水平，就可以得到相应的奖励。业绩高出平均水平越多，所获得的奖励额度越大，并且还能获得一件印有公司标志和"100分俱乐部"臂章的浅蓝色的夹克衫，这象征的是公司的认可，是一种荣誉。

两年后，工厂的生产效率提高了16.5%，产品质量差错率下降了40%，员工对企业的不满减少了72%，公司生产事故造成的时间损失减少了43.7%，公司的利润比往年增长了100多万美元。

这个案例充分说明，要想把企业管理好，把员工管理好，管理者就必须充分了解员工的心理，针对员工的心理需求下手，才能调动他们的工作积极性，从而提高企业的经营效益。

心理学研究证明，一个人的心理需求是其动力的最大来源，每个人都希望被尊重、被信任和被重视。这种心理需求很容易产生，也很容易满足。作为管理者，应该在第一时间发现员工的心理，并采取有力的措施来满足它，这样员工才会产生很强的动力。

作为一名企业管理者，贵在知道员工的需求，并懂得如何满足他们的需求。每个员工都有不同的需求，公司无法一一满足，但若能寻找他们的共性需求予以满足，这就相当于给他们吃了一颗定心丸。员工的共性需求得到了满足，他们就会对企业产生归属感，忠诚度也会大大提高，他们就会对企业产生一种割舍不断的感情，心甘情愿、一如既往地为企业效力，最大限度地发挥自己的能量、做出自己最大的贡献。那么，什么是员工的共性需求呢？

共性需求1：渴望有稳定的、不错的收入

工作是为了什么，这一点不言自明。说得俗一点，工作不过是为了混口饭吃，为了养家糊口，每个员工都渴望获得理想的收入。怎样才是理想的收入呢？一般来说，员工渴望现在的收入比过去的收入高，渴望自己的收入比自己的家人、亲戚、朋友等社交圈子里的人的收入高，渴望自己的收入比同岗位者的收入高。如果员工的收入能满足这几点，他们往往会感觉较好，可见，员工的收入除了满足生存的条件外，更多的是一种比较之后的主观感受。作为管理者，在给员工设定薪资时，有必要了解员工过去的收入、员工社交圈子的大概收入以及同行同一岗位的大概收入，这样便于制定出让员工满意的薪资。

共性需求2：渴望一个能够发挥自己能力的舞台

在工作中，每个员工都渴望获得成就感，即把自己的知识用在工作上，把自己的能力发挥出来，把自己的智慧彰显出来。因此，每个员工都渴望有机会、有舞台展示自己的能力，体现自己的价值。作为管理者，有必要结合员工的能力，把他们安排在适合自己的岗位上，使他们有机会解决实际工作中的问题，为企业创造价值。如果员工在自己不喜欢、不适合的岗位上工作，他们的能力也无法最大化发挥出来，他们是不会快乐的。

共性需求 3：渴望有一个发展成长的空间

在员工把自己的知识、智慧、能力发挥出来的同时，他们还渴望学习新知识、提高自己的能力、增长自己的智慧，这样他们才会感觉自己在成长、在进步。否则，员工就会有一种被掏空的感觉，觉得企业在压榨自己的思想精华，从而缺少安全感。

一个企业，如果不能成为一个学习型的组织，是很难留住人才的。现实中，有这样一种现象：当企业发展到一定的规模后，不少骨干纷纷跳槽，或自立门户，原因就是企业不能满足他们成长的需要，所以，管理者要重视员工培训，这比高薪留人更能满足员工成长的需求。

共性需求 4：获得欣赏、认可和赞美

心理学家威廉·杰姆斯曾经说过："人性最深层的需要就是渴望别人的赞赏。"每个员工都渴望获得领导者的欣赏、认可和赞美，这可以激发他们的工作激情，使他们对工作更有信心、更有责任感、更有创造性。

共性需求 5：要有一个健康愉快的工作环境

作为企业的员工，没有人不希望自己所处的环境是和谐愉悦、轻松快乐的。如果生活在一个尔虞我诈、勾心斗角的企业环境中，即使员工有再多的收入，他们也不会快乐地工作，不会长久地为企业效力。这就是人们常说的"快乐是金钱买不到的"，所以，管理者要重视营造良好的企业环境，要把企业环境中不和谐的因素消除掉。

2　对下属要讲原则更要讲人情味

凡事讲原则，会让你显得冷酷、古板、不通情理；凡事都讲人情，会让你显得没有原则，没有底线，不讲规矩。在企业管理中，过于坚持原则的领导者，往往不受人欢迎，而过于讲人情的领导者，往往没有威严，这个两种领导都称不上优秀的领导者。那么，优秀的领导者应该怎样对待原则问题和人情问题呢？让我们先来看一下战国时期著名军事家吴起是怎么做的。

吴起是战国时期魏国的名将，他在镇守河西地区的 27 年中，与各诸侯国大战 76 次，全胜 64 次，其余 12 次打成平手。这样的战绩可谓前无古人，后无来者。吴起为什么能取得如此骄人的战绩呢？这一方面归功于他的军事才能，另一方面归功于他的领导力。吴起有一句名言："用兵要狠，爱兵要深。"也就说，他带兵打仗时既讲原则，又对士兵充满人情味，让士兵对他又爱又怕，对他心服口服。

有一次，吴起指挥军队与秦国作战，两军在旷野上对峙，剑拔弩张，只要将帅一声令下，一场惨烈的战斗就会拉开序幕。在吴起的军队中，有一个士兵武艺高强、作战骁勇，他未等吴起下令，就迫不及待地挥刀冲向敌阵。大家还没搞清楚是怎么回事，他就已经斩杀了两个敌兵。对于这样勇猛的士兵，吴起却当即下令"斩之"。这时，军吏劝说吴起不要斩杀这样的人才，但吴起却说："材士则是也，非吾令也，斩之。"从那以后，再也没有士兵敢违抗吴起的命令。

在平时，吴起虽然身为军队的统帅，但是他却和士兵穿一样的衣服，吃一样的伙食，睡觉不铺垫褥，行军不乘车骑马，亲自背负着捆扎好的粮食和士兵们同甘共苦。甚至有个士兵患了恶性毒疮，吴起还亲自为他吸吮脓液。吴起对士兵的深切关怀，激起了士兵的以死相报，正是因为如此，吴起的军队才会充满凝聚力和战斗力，才能战无不胜。

管理企业、管理员工与带兵打仗的道理如出一辙，既需要讲原则，按原则办事，按制度办事，又要讲究人情，表达对员工的关怀和疼爱。只有这样，才能在企业中营造一种温情，让员工对企业产生归属感，从而全身心地投入到工作中。

讲原则、按制度办事，是为了惩恶扬善，为了根除员工不良的行为，保证企业正常地运行。讲人情、讲温情，是为了笼络人心，加深员工对企业的感情，以激发员工对企业的认同感和忠诚度。这两者对管理好企业来说缺一不可，两者不可偏废其一。要想做好这两方面，关键是把握好什么时候该讲原则，什么时候该讲人情。

西洛斯·梅考克是美国国际农机公司创始人，是世界第一部收割机的发明者，被人们称为企业界的全才。他在几十年的经营生涯中，历尽起落沧桑，但却能屡屡得胜。

在公司里，梅考克是最高掌权者，有权左右任何一个员工的命运，但是他从来不会滥用职权。相反，他懂得设身处地为员工着想，只要员工不触犯公司的制度，他就不会伤害员工的热情。而且即使在处罚员工时，他也能做到既讲原则，又不失人情味。

有一次，一个老员工违反了公司制度，在工作期间，他酗酒闹事，迟到早退。按照制度的规定，他应该受到开除的处分。管理人员做出了这一决定，梅考克毫不犹豫地批准了。决定公布之后，这位老员工感到无法接受，他委屈地对梅考克说："当年公司面临危机，债务累累时，我与您共患难，三个月都发不出工资，我毫无怨言。如今，我犯了点错误，你就要开除我，你真是一点情分也不讲！"

梅考克听完老员工的话，平静地说："这是公司，是个有规矩的地方，这不是我们两个人的私事，我只能按规矩办事，不能有任何例外。"

事后，梅考克才得知老员工之所以酗酒闹事是因为他的妻子去世了，他要照顾两个孩子。一个孩子跌断了一条腿，一个孩子因吃不到母亲的奶水而不停地哭泣。老员工非常痛苦，于是借酒消愁，结果耽误了上班时间。

得知这一情况之后，梅考克立即找到这名老员工，安慰道："你真糊涂，现在你什么都不要想了，赶紧回家照顾孩子吧！你不是把我当成你的朋友吗？所以你放心，我不会让你走上绝路的。"说着，他从包里掏出一沓钞票塞给老员工，嘱咐道："回家安心照顾孩子吧，不用担心工作了。"

老员工听梅考克这么说，立刻转悲为喜，问道："你是想撤销开除我的命令吗？"

梅考克反问道："你希望我这样做吗？"

老员工说："不，我不希望你为我破坏了制度。"

梅考克说："对，这才是我的好朋友，你放心地回去吧，我会适当安排的。"

后来梅考克把这位老员工安排到一家牧场当管家，那家牧场离老员工家很近，方便他照顾家里的孩子。

有的领导者做到了坚持原则，但往往显得无情无义。有的领导者表现出了人情味，但是却因此放弃了很多原则。梅考克既坚持了原则，又表现出了人情味，这是难能可贵的。作为领导者，有必要学习梅考克这种处理两难事情的方法。只有兼顾了两者，才能让员工心服口服。在这方面，日本索尼公司的创始人盛田昭夫的做法，也值得管理者们借鉴。

有一次，索尼公司的一家分公司的产品包装出了问题，被东南亚的分销商投诉了。盛田昭夫非常生气，在公司的董事会上，他把分公司的经理痛斥了一顿，并要求公司以此为戒。这家分公司的经理感到尴尬难堪，禁不住失声痛哭。

会议结束后，该经理情绪十分失落。这时盛田昭夫的秘书却过来邀请他一起去喝酒，并表示这是盛田昭夫的意思。喝完酒，秘书陪着经理回到家。刚进家门，经理的妻子就迎上来了，说："公司对你真重视。"原来，公司派人送来了一束鲜花和一封贺卡，因为当天是该经理和妻子结婚 20 周年的纪念日。这让那位经理非常感动。

盛田昭夫认为，为了公司的利益，对犯错的员工不能有丝毫的宽待，但是为了避免彻底打垮员工的自信心和工作热情，批评之后予以安慰是非常必要的。这种方式被索尼公司的许多人称之为"鲜花疗法"。在鲜花疗法中，我们既能看到盛田昭夫对员工的严厉批评，又能看到他对员工的精神抚慰和贴心关怀。这与既讲原则，又讲人情味的管理智慧不谋而合。

3 在员工面前，不要掩饰自己的缺点

管理企业，在与员工打交道的过程中，很多领导者往往竭力掩饰自身的种种缺陷与弱点，以顾全脸面，在下属面前树立一个"高大全"的形象，把自己神化成"不食人间烟火""不与员工同流"的光辉形象。

殊不知，掩饰自身缺点、刻意美化形象很容易在领导者与员工之间制造一条心理鸿沟，使员工对领导者产生一种距离感，员工甚至会这样看待领导者：你不是很牛吗？我偏不服你、不配合你，看你还能牛多久？这样一来，团队凝聚力就无从谈起，团队战斗力就难以体现。

其实，与其刻意神化自己，不如适当暴露自己的缺点，让员工知道你也是普通人，而不是神；让员工知道，你也有不足，你也需要他们的支持和帮助；让员工知道，你其实很

谦虚，你希望向他们学习。如此一来，你的个人魅力就一下子增强了，你的领导力也会变得强大起来。这一点在著名的NBA 球星迈克尔·乔丹身上表现得特别典型。

众所周知，迈克尔·乔丹被誉为"世界篮坛巨人"，他的成就至今无人能及。乔丹在球队里是毫无争议的领袖，在广大球迷以及很多队友眼中，他被神化成无所不能的球星。可是乔丹不这么认为，他意识到如果要想芝加哥公牛队连续夺得总冠军，就必须推倒"乔丹偶像"这一形象，以证明公牛队不是他一个人的球队，而是整个团队的球队。

乔丹的队友斯科蒂·皮蓬也是 NBA 中的一名超级球星，当人们狂热地追捧乔丹时，皮蓬的心理无疑会受到不良的影响。毕竟，一山难容二虎，为了打造一个有凝聚力的团队，乔丹主动向皮蓬暴露了自己的缺点，指出了皮蓬的优点，激发了皮蓬的自信心。

在一次训练中，乔丹主动与皮蓬聊了起来，他问皮蓬："咱俩的 3 分球谁的更好？"

皮蓬说："那还用说，当然是你。"

"不，是你！"乔丹肯定地说，"虽然我投 3 分的命中率比你高一点，可是你投 3 分的动作比我要规范、自然得多，在这方面，你的天赋远胜过我，相信以后你还会做得更好，而我投 3 分是个弱点，以后必须改善一下。"

接着，乔丹说："我扣篮的时候习惯性地用右手，即便是左手扣篮，也会习惯性地用右手帮一下。我左手扣篮能力不好，这是我的一个重大的缺陷，而你呢，左右手都能扣篮，甚至左手扣篮比右手还要好一些。"

这些细节皮蓬从来都没发现，通过这次对话，皮蓬对乔丹有了更多的敬佩，他明白自己与乔丹相比有哪些优势。从此以后，在乔丹的鼓励下，皮蓬的团队协作意识越来越强，在球场上表现得越来越好，和乔丹的关系也变得越来越融洽。正因为如此，NBA的历史上才会有"公牛王朝"。

领导者主动暴露弱点，毫无保留地向他人展示真实的自我，这体现出领导者的坦荡和谦逊。这样做可以让团队成员明白，领导者虽然优秀，但并非完美的，也有缺点和不足，需要支持和帮助。暴露了缺点和不足，可以向团队成员表明：你是一个真实的、可接近的人，而不是一个无所不能的神。

每个团队的领导者都希望自己手下都是精兵强将，这样大家才能助你的事业不断飞跃，你才能获得更大的提升空间。因此，你不妨借鉴一下乔丹的做法，主动暴露自己的缺陷和不足，肯定别人的闪光点，或者出点小洋相，表明自己不是一个高高在上、十全十美的人，这样不但可以使你变得更容易接近，有时候还会使别人不与你为敌。

有一位记者去拜访一位企业家，目的是获得有关他的一些丑闻。因此，他带着一连串的质问气势汹汹而来。简单的寒暄之后，这位企业家对记者说："时间还很充足，我们可以慢慢聊。"这种从容不迫的姿态让记者大感意外。

片刻之后，秘书端来咖啡，这位企业家端起咖啡喝了一口，立即惊慌失措地把咖啡放下来，嘴里嚷道："啊！好烫啊!"咖啡洒了一桌子。等秘书收拾好之后,企业家拿了一支香烟放入嘴里,但是记者发现,企业家居然从过滤嘴一头点火。于是他赶紧提醒道:"先生,你的香烟拿倒了。"企业家听到提醒,才慌忙地把香烟拿好,不料又将烟灰缸碰翻在地。

在商界中叱咤风云的企业家,居然出了一连串的洋相,让记者大感意外。不知不觉中,记者原来的那种挑战情绪完全消失了,甚至觉得企业家也不过如此。其实,这些都是企业家刻意安排的,他就是想以此弱化记者的挑战情绪——他的目的达到了。

在很多人的印象中,领导人物总是"高大全"的印象,如果领导人物能主动暴露自己的缺点,就很容易消除普通人对领导人物的仰视姿态,甚至会对领导人物产生一种亲近感。因此,身为领导人,你应该让部下看清你也是一个普通人,这对融洽部属关系、团结部下会有很好的效果。

在企业界,职位越高的人往往越容易相信自己比别人更重要,或者更聪明。SGS汤普生微电子公司的总裁比尔·马尼拉曾经说过:"当务之急是我们应该把自己从职位、头衔以及过去的成见中抽身出来。从新的角度去看,其实每个人都是领导者。"而约翰·罗宾逊更明确地说:"我们应该提醒自己,除了拥有显赫的头衔之外,其实他跟其他同事和部属之间毫无区别。"

约翰·罗宾逊回忆道:"我30岁出头就当上了银行总裁,那时觉得自己实在是个了不起的人物。可是每次我回家时，宝宝的尿片湿了，我还是得帮他换尿片。我忽然间回到了现实，对自己有了新的认识，并得以保持自我平衡，免于自我膨胀。"

这些优秀的成功人士都在提醒我们：身为企业的领导者，有必要把自己视为一个普通人，一个与员工毫无区别的普通人，而不要自以为是，高高在上，甚至刻意地神化自己。这样，才能成为一个有亲和力的领导者。

当然，在暴露自身弱点的时候，要有所选择，对于那些致命的缺点，永远不要暴露，刻意被暴露出来的弱点，应该是那些无关紧要的缺点，或者挑选从某种意义上可被视为优点的"弱点"来暴露。

4 懂得为下属着想，让你赢得下属的尊重

在成功的管理法则中，有一条最伟大的定律——多站在下属的立场上思考问题，懂得为下属着想。这样你身上就会散发出一种善意，影响和感染下属。这种善意最终会回馈到你身上，那就是你很容易得到下属的尊重、理解和支持，这对你提高管理效率非常有帮助。

很多优秀的管理者对下属体贴入微，想下属之所想，急下属之所急，以至于下属对他们感激涕零、心悦诚服。这样的管理者在下属心目中会产生强大的影响力和号召力，使公司上下一心、团结一致，成为一个相处和睦、高效工作的

团队。

利维是美国一家影片进出口公司的老板，弗兰克是他的一个下属。在影片行业，弗兰克是一个行家，他的专业技能出众，利维非常欣赏他。但是弗兰克有一个明显的缺点：脾气暴躁，动不动就与人争吵。利维多次劝他克制自己的暴躁脾气，但是都没什么效果。

一天，弗兰克为了一个实验问题和研制组的一位助手发生了激烈的争执，争执中，他用力地拍桌子，还扔东西，利维赶忙劝阻，但仍无法使弗兰克恢复平静。一旁的弗兰克的小女儿安妮见爸爸凶神恶煞的样子，吓得大哭起来。弗兰克见状，马上停止了争吵，然后赶紧赔着笑脸逗小安妮。

利维看到这一情景，马上意识到弗兰克对小安妮有多么重视。为了让弗兰克有充实的精神生活，利维在公司附近为他租了一幢非常漂亮的房子，让他和小女儿在一起生活。弗兰克得知这件事后内心十分感动，因为他知道利维的资金十分紧张，因此他心里过意不去。

利维对弗兰克说："安妮非常同意搬入新居，她说你心境不好，经常发脾气，这对身体不好，如果她能住在附近陪着你，你就不会发脾气了。小安妮还说：'我爸爸多可怜呀，我不能再让他忍受孤独了！'"

听完了这番话，弗兰克眼里满是泪水。在以后的工作中，每当弗兰克想发火的时候，他就会想到利维为他所做的事情，然后立即克制了自己。在他的帮助下，利维的公司迎来了一个又一个新的辉煌。

为什么弗兰克以前发火的时候，不听利维的劝说，而后来却自觉地克制自己的脾气呢？因为利维在资金困窘的时候，仍然为弗兰克着想，帮他解决现实的问题，深深感动了弗兰克，赢得了弗兰克的敬意。所以，弗兰克才会做利维希望他做的事情——克制坏脾气，为公司的发展竭尽全力。

真心为下属着想，关爱下属，遇事考虑下属的实际情况，帮下属解决实际困难，这是管理者打动下属，赢得下属尊重的重要手段。人与动物的最大区别，就是人有感情，当你真心为下属着想时，下属可以拿出十分甚至十二分的力气来工作，为公司发展带来倍增的效益。

身为管理者，在为下属着想方面，需要做好以下几件事：

（1）用真心与下属交心

当年项羽英勇无比、纵横无敌，城必攻、敌必克，但最后却自刎于乌江，为什么呢？因为他不善于与下属交心，不善于经营人心。在这种情况下，他的下属不会为他披肝沥胆、努力征战。只有拿出真心，才能笼络住下属的心，才能得到下属的衷心拥戴。

管理者应该发挥情商，多与下属交心，在下属有困难的时候，对下属表达体恤，并提供实实在在的帮助。俗话说："人心都是肉长的。"你对下属充满体恤，下属自然会把你的好放在心上，将来用实际行动来回报你。

（2）设身处地为下属着想

日本"经营之神"松下幸之助事业急速成长的秘诀是：遇事替下属着想。他曾说："我在生意场上曾与人发生纠纷，当时有人出面劝和说：'松下先生，这件事你就认输好了，要赢是可以赢的，但你应考虑到你的属下。为了自己的属下，你可以输掉这场纠纷。'当时我很感动：他说得很有道理。"在松下看来，下属的事是头等大事，为了下属，管理者应该受得起辛苦、经得起委屈，这样才容易换来下属的回报。

（3）对下属多一些关心

有一位管理者每次向下属布置任务时，总不忘问一句："你们看一看还有什么困难吗？如果在执行中遇到困难，可以随时告诉我，我会和你们一起来解决。"这句看似平常的话，总能让下属的心头产生一股温暖。

5　适度关心员工的个人问题，他们就会拿你当"自己人"

孟子说："得人心者得天下。"企业与员工的关系，就像鱼和水的关系，企业要想发展好，就离不开员工的支持。身为企业经营者和管理者，一定要想办法与员工处好关系，搞好团队内部的团结，增强企业的凝聚力。而要达到这一目的，最好的办法就是关心员工的个人问题，帮员工分担忧愁和困难。

员工的个人问题，首当其冲的应该是身体状况。在这方面，摩托罗拉总裁保罗·高尔文就做得非常出色。在他成功经营和管理企业的过程中，他特别关心员工的身体健康，为此付出了真心，感动了很多员工，从而赢得了员工的真心。

在摩托罗拉公司，当员工生病时，保罗·高尔文会在第一时间问候员工："你的病情怎么样？有没有看医生？如果你需要我，我可以向你推荐最好的医生。"当他把医生推荐给生病的员工时，他会督促医生："帮我的员工看完病之后，请把账单直接交给我。"

在经济不景气的年代，员工最怕失业，生病之后，他们会保密，怕领导知道后担心他们无法胜任工作。摩托罗拉公司有一名采购员叫比尔·阿诺斯，有一年他患上了严重的牙病，疼得他实在无法工作。很快，高尔文就得知了他的病情。

高尔文见他表情痛苦不堪，非常心疼地说："赶紧去看病，不要想工作的事，治疗费的事我来替你想办法。"阿诺斯去医院做了手术，手术非常成功，他知道手术费比较贵，但奇怪的是，他却从未见到账单，因为高尔文已经替他支付了这笔手术费。他多次向高尔文提起这笔手术费，得到的回答都是："我会让你知道的。"

阿诺斯知道手术费的细节吗？当然知道，不过那是他勤奋工作了几年之后的事。当他生活有了很大的改善时，他再次找到高尔文，说："我一定要偿还你为我支付的手术费。"但是高尔文却说："你呀，不必这么关心这件事。忘了吧！朋友，好好干。"

阿诺斯说："我会干得很出色的，但我还是要还您的钱……是为了使您能帮助其他员工医好牙病……当然还有别的什么病。"

高尔文说："你有这样的想法我就很开心了，谢谢你，我先代他们向你表示感谢！"

事实上，当年高尔文只是替阿诺斯支付了 200 美元的手术费，这笔钱对他来说是一个小数目，但是对员工来说却是不少的钱，更重要的是，这笔钱代表的是对员工的关怀和尊重。可喜的是，这样的故事在摩托罗拉公司实在是再平常不过的事情。

作为一家大公司的总裁，高尔文能如此真挚地关心和爱护员工，其心意自然令每一位被关心的员工感激涕零。为了报答总裁的深情厚谊，员工会加倍努力地工作，以表达对企业的忠心。

俗话说："将心比心，以心换心。"在企业里，领导者如果能像家长关心孩子那样关心员工，那么员工肯定会像孩子一样热爱家长、热爱企业。因为人非草木，孰能无情，你用真心呵护员工，员工自然会用真心回报企业，把领导者当成"自己人"，把公司当成自己的家。

员工不是机器而是人，是有情感、有思想的人，如果企业内部缺少人文关怀，缺少人情味，那么工作氛围就会变得枯燥，上下级之间也会变得冷漠。这么一来，企业发展还有什么希望呢？所以，管理者要赶紧放下"企业不是慈善机构"那种冷人心的观念，从今天开始，适度关心员工的个人问题吧，表达对员工的关心和爱护，激发出员工"自己人"的意识。下面几种方式便值得借鉴：

（1）留意员工的生日及每个节日

在员工生日那天，如果管理者懂得表达对员工的关心和问候，往往能给员工带去积极的影响。比如，送一份精致的礼物给员工，准许员工一天假，让他有时间与家人一起过生日。当然，公司也可以为员工举办一个别开生面的生日晚会，并附上一个红包，这样能很好地打动员工。还有一些节日，比如"六一""中秋"等，公司可以为员工的孩子准备一份礼物，送上月饼，向员工表达一点点关怀。

（2）关心员工的健康，员工住院时，亲自探望

一位普通员工住院了，公司的领导前去探望，说："平时你在公司的时候，感觉不出来你有多重要，这几天你生病了，公司没有你，我就感觉工作没了头绪，大家也都乱了手脚，你真的很重要，安心把病养好吧，公司需要你!"这番话把这位员工感动得哭得稀里哗啦，出院后他工作十分卖力，以报答领导的关爱之恩。

值得一提的是，探望生病的员工千万不能走过场，有些领导者探望员工时，表现得心不在焉，草草了事，这样做的负面影响非常大。员工可能会想："原来领导是假仁假义，平时我干得好，那些表扬肯定也是假的，现在我病倒了，他也不把我放在心上，真是没良心的家伙。"作为管理者，千万不要让员工产生这样的看法。

（3）利用工作餐，与员工拉拉家常

在午餐时间，领导者轮流和不同的员工一起进餐，在用餐的同时，与员工拉拉家常，了解员工的家庭情况。看员工

是否有困难需要帮忙、看员工是否有烦恼需要开导、看员工是否有建议需要探讨等等。既可以拉近员工与领导者的距离，又可以加强情感交流和工作交流，让员工感受到领导者的重视，这对员工是一种必不可少的关心。

要注意的是，关于员工的个人问题，领导者应该坚持适度关心的原则，以表达对员工的充分尊重。有些个人问题涉及员工的隐私，员工可能会避而不谈，对此，领导者没必要刨根究底，以免弄巧成拙，适得其反。

6 越是危机，越不能轻易抛弃下属

在如今这个追求利益最大化的时代，公司裁员是常有的事，也许你们公司没有经历过裁员，但你应该明白裁员对员工而言意味着什么。裁员一方面会给无辜的被裁者带来生活的压力和内心的痛苦，另一方面也反映出决策者不负责任，为了利益抛弃员工的行为。假设你是一位高层管理者，有一天你被公司无情地"抛弃"了，你的内心会不会五味杂陈？作为管理者，如果你经常思考这个问题，相信你就能将心比心地体会到员工的感受了。

大凡成就卓越的领导者，往往越是在危急关头，越把员工的生死存亡放在心上。俗话说"危难之时见真情"，领导者在危急关头不抛弃、不放弃任何一名员工，一定会感动每一位员工，从而赢得大家的真心拥护。当然，这并不是说企业不能裁员。如果企业面临破产的危机，不裁员就真的无法生存下去了，这个时候裁员也是无奈之举。

世界华人首富李嘉诚在经营企业的过程中，就曾有一次无奈的裁员举动。不过他并不是随便抛弃员工，他到底是怎么做的呢？下面来看一下他当年的经历吧！

当年李嘉诚的仓库里堆满因质量欠佳和延误交货退回的玩具成品。有些客户上门索赔，有些客户上门考察生产规模和产品质量，见到这种情况后，马上扭头就走。李嘉诚知道，客户是企业的衣食父母，失去了客户就没生意可做，因此，李嘉诚急得像热锅上的蚂蚁。

果真是墙倒众人推，银行得知长江塑胶厂陷入了危机，马上派人来催贷款。李嘉诚焦头烂额，痛苦不堪，只好赔着笑脸接待，恳求宽限还款期限。但是怎样才能从根本上应对企业破产危机呢？李嘉诚思前想后，最后决定裁员，因为工厂开工严重不足，裁员是节省成本的唯一办法。

不过，李嘉诚的做法充分表达了温情，他召开集体员工大会，坦诚地承认自己经营上犯下的错误，不仅拖垮了工厂，还损害了工厂的信誉，最不能原谅的是连累了员工。他向那些被裁的员工赔礼道歉，并表示企业一旦有转机，就会把他们召回来上班。如果到时候被裁的员工找到了更好的去处，他也不会勉强。

裁员之后，李嘉诚通过一系列的具体措施，稳定了企业的局势。他拜访银行、原料商、客户，向他们坦诚地表达歉意，承认自己的错误，请求原谅。同时，丝毫不隐瞒工厂的危机，恳求他们帮忙想对策。李嘉诚的诚意打动了很多人，得到了大多数人的谅解，危机一步步地解除。最后，长江塑胶厂走出了危机。

公司走出危机之后，李嘉诚兑现了之前的承诺，把原来被裁的员工招了回来，并且在公司的集体会议上，李嘉诚向全体员工表达了感谢，肯定了他们在危机时与公司同甘共苦的做法。然后，他通报了公司的收支情况，告诉大家，公司已经走出了危机，将迎来柳暗花明。会议结束后，李嘉诚给每个员工一个红包，以表达对员工的奖励，让员工们非常受感动。

我们倡导危机时不轻易抛弃员工，但不代表永远不抛弃员工、不裁员。因为企业面临的危机各种各样，有时候是企业经营不善导致的，有时候是市场大环境决定的。这些时候员工是没有过错的，如果轻易裁掉他们，那么他们是最无辜的。因此，在这种情况下，企业如果裁员，一定要充分安抚员工的内心。

用通用公司 CEO 杰克·韦尔奇的话来说："一家公司有20%的人卓越，有70%的人合格，可以接受，另外10%的人要淘汰。"如果可以把这10%的员工，培养成合格的人才或卓越的人才，那么最好努力去培养。如果无法将他们培养成合格的人才或卓越的人才，那么淘汰他们就是必然的。否则，对那20%的卓越员工和70%的合格员工，就是不公平。

04

国有国法，家有家规
——管人要用制度说话

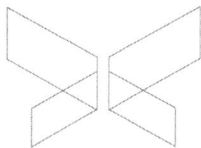

车水马龙的道路上如果没有红绿灯的规范，就会陷入混乱；公司里如果没有制度的约束，就无法正常运转。身为企业的管理者，要想保持企业的稳定发展和高效运营，就必须建立一套合理的制度，用制度管人，按制度办事。只有这样，才能让"坏"人在制度的约束下不做坏事，慢慢地变成好人，而让好人在制度的保护下，能够充分发挥自己的激情和干劲，为企业的发展注入无穷的能量。只有这样，企业才能长久地发展。

1 管人要用制度说话，"人治"不如"法治"

《孙子兵法》指出："要规定明确的法律条文，用严格的训练整顿军队，对士兵过于宽松，过于爱怜，结果会导致士兵不能严格执行命令，部队陷入混乱而不能加以约束。"当前企业面临的竞争，其残酷程度不亚于冷兵器时代战场上的血肉拼杀，如果企业没有严明的制度，做不到令行禁止，是不可能在竞争中取胜的。

俗话说："没有规矩，不成方圆。"规矩、秩序、制度的重要性不言而喻，当一个团队缺少规章、制度、流程时，团队就很容易陷入混乱，这是非常糟糕的事情。下面是企业因没有合理制度的规范、主要靠人治而产生的常见弊病：

（1）职责不清

在很多企业中，经常会遇到由于制度不合理，导致工作安排不合理，造成某项工作好像两个部门都管，但实际上哪个部门都没有认真负责。两个部门对工作纠缠不休，扯皮推诿，使得原本应该是职责分明的人员安排变得混乱无序，造成极大的内耗。

（2）业务流程无序

由于人治带有很大的随意性，很容易导致一项工作原本应该按照一定的流程来进行，但是人受情绪变动的影响，往往容易跳出这个流程，任意为之，最终造成流程无序。举个例子，采购人员拿着资金外出采购，回到公司原本要上交账单，和财务交接工作。但是由于公司没有明确的制度规定，采购人员可能迟迟不与财务对账，甚至私吞公款，利用假票据蒙混过关。

（3）缺少协调与配合

由于制度中没有明确规定哪个部门负责哪项工作，那么部门之间的协调工作就会出现问题，甚至出现部门间的断层，彼此间缺乏协作意识，你站在那儿观望，我也站在那儿观望，大家都认为这件事应由对方部门负责，结果工作没人管，导致小问题被拖成大问题。协调不力是管理中最大的浪费，因为它使团队无法形成凝聚力，使员工缺少团队意识，导致工作效率低下。

（4）有章不循

还有一种情况是，公司有相关的规定，但规定出台后领导者不遵守规定，也不严格按规定办事。当员工违反规定后，没有任何惩罚措施，导致员工不把规定放在眼里。比如，有一家公司的领导对大家说："从今天开始，大家每个月只有两次迟到的机会，请大家不要迟到。"可是大家根本不把领导的话当回事，习惯了迟到的员工继续迟到，而领导者一点都不觉得这有什么不妥，没有采取任何惩罚措施，就连半句批评都没有。这就是典型的有章不循，其根本原因在于规章制度不严肃，随口一说，而且并未说明如果迟到了第三次，将受到何种处罚。

从以上四点可以看出，当一家企业崇尚人治，忽视用制度管人时，员工就会变得没有执行力。这就是为什么在很多企业中，当老板在公司时，员工就有执行力，当老板不在公司时，员工就没有执行力。因为不用制度管人的公司，其员工往往会无视制度，而只看重老板的言行。这就是人治造成的不良后果。一般来说，人治有这样几个弊端：

第一，人治带有明显的随意性，缺乏科学性，难以服众。

第二，人治带有专制性，缺乏民主性，容易造成决策失误，人际关系紧张。

第三，人治经常过不了人情关，很容易使员工产生不公平感，企业无法产生凝聚力。

作为一个企业的领导者，最重要的就是建立完善合理的制度，用制度与纪律管理企业，并使制度与纪律成为员工的行动准则。事实也证明，用制度管人管事比用人奏效得多。如果你想让企业完成从人治到"法治"的转变，你首先要制定完善合理的制度，其次还要让制度产生威慑力，让大家严格执行制度。只有这样，你的公司才会在硬性制度的规范下，稳定有序、高效率地运营。

一家工厂的工人盗窃了厂里的产品，虽然盗窃的产品数量不大，但性质恶劣。由于这个工人是厂里的老员工，平时找他帮忙的同事很多，大家与他关系都不错，于是乎，当厂长准备依据公司的制度惩罚这位老员工时，很多员工都来为老员工求情，有人说："原谅他吧，只要他知错就好了。"有人说："少数服从多数嘛！"

厂长理直气壮地说："厂里的规章制度通过了大家的认可才出台的，既然有了制度，就要按制度办事，绝不能徇私情。"结果，那名老员工受到了制度的严惩，虽然当时厂长有点被孤立的感觉，但是时间一长，大家都理解他的做法，而此后厂里的盗窃案也少了很多。

在这件事中，如果厂长不顾厂里制度，顺从了大多数人的意见，不处理或从轻处罚那名偷窃的员工，不仅厂里的偷盗之风得不到遏制，厂规厂纪也会变成一纸空文。届时，厂里一片混乱，厂长的威信扫地，那才是真正的孤立。由此可见，制度出台之后，就要严格执行，绝不能找借口，公然违背制度的规定。只有按制度办事，才能维护制度的威信，才能遏制不正之风，维护企业的利益。

2 制度设置要兼顾公平和效率

在某工厂的生产车间门口，门卫提醒前来视察的领导戴上安全帽，但是却被领导恶狠狠地瞪了一眼："懂不懂规矩，没看到领导来视察吗？"门卫无奈地赔笑道："对不起，对不起！"某公司会议室的墙壁上有一个醒目的标语：进入会议室请关手机。但是有些领导者却没有这么做，开会时经常有短信或电话铃声响起，有些领导者还公然在会议上接听电话、回复短信，对墙上的标语视若无睹。

从这两件小事中，我们看到了一些领导者的特权思想，他们把自己凌驾于制度之上，在用制度管人的同时，自己却不遵守制度，当了员工的反面教材。如此一来，制度就缺失了公平性，员工感受不到公平感，工作积极性就会受到影响，工作效率也会降低。因此，优秀的管理者都懂得维护制度的公平性，以保护员工的工作效率。

维护制度的公平性首先要从管理者自身做起，自觉地遵守制度的规定，在这一点上列宁为我们做出了榜样。俄国十月革命后不久，列宁参加苏维埃会议。当卫兵要求他出示证件时，他才意识到忘了带证件，结果被卫兵挡在了门外。后来，有人向卫兵说情，说那是列宁，但卫兵依然坚持按制度办事。列宁不但没有批评卫兵，反而特意表扬了他。

IBM 公司有一条重要的管理理念，那就是人人平等。公司的总裁汤姆·沃森表示，企业的最高管理者经常犯一个错误，他们对自己和员工采取双重标准，他们在违反公司的规定之后，往往会受到宽待，甚至不会受到任何惩罚。但是当员工违反了公司规定时，他们则会按照规定惩处员工。汤姆·沃森说："这种做法会造成很坏的影响，你应该毫不留情地把这类管理人员开除。只有在制度面前人人平等，公司的利润才能实现最大化。"这就是 IBM 成功的重要因素之一。

IBM 创立于 1911 年，目前拥有职工 30 多万人，其业务遍布全世界 160 多个国家和地区，是世界上最大的信息工业公司。其创始人老沃森出身贫寒，在奋斗的过程中，深感不平等给人心理带来的创伤、给人事业上造成的障碍，因此，在创办了IBM之后，他将人人平等的理念融入到管理中来，坚持在制度面前人人平等的管理原则，让每个员工都感受到平等和尊重，使他们有机会展现自己的才华。

在IBM，管理者与普通员工是平等的，那里没有单独的经理餐厅，没有管理者特有的俱乐部、高尔夫球场，也没有专供经理人使用的卫生间、停车场。这些都反映了一种追求平等的企业文化。

在IBM，每个职工都有平等的机会展示自己，无论你是谁，都必须从基层做起。当你做出成绩，当你证明自己有能力胜任某个更高的职位时，你就会得到晋升的机会。这一点，在小汤姆·沃森身上也没有例外，尽管他是老沃森的儿子，但是进入公司后，他和普通的员工一样，必须先接受公司的销售培训，然后进入基层工作。培训结束后，担任一名普通的销售代表，负责曼哈顿的销售业务。

在IBM，还有一项规定：不得歧视有色民族或少数民族。在美国，很少有公司出台这样的规定，IBM能做到这一点实属不易。曾经有两个年轻聪明的犹太人来IBM求职，结果被拒之门外。两位年轻人认为自己受到了歧视，才失去了进入IBM的机会，于是他们写信给老沃森。

老沃森十分重视这件事，立即派人调查事情的来龙去脉，结果证实公司招聘的人员确实对犹太年轻人有种族歧视。老沃森非常恼火，他将所有负责招聘的人召集起来，把两位年轻犹太人的来信读给他们听，最后严肃处理了相关人员。从此以后，IBM再也没有发生这类歧视事件。

IBM还规定，每个员工都可以对公司的管理问题、对自己所受到的不公正的待遇向管理高层提出意见和申诉。有一次，IBM一家分公司的员工被开除了，他写信给老沃森，说他干活多，拿的工资却很少。老沃森经过调查，发现情况属实，结果严肃地处理了这家分公司的管理者，最后留下了那名员工，还给他增加了工资。

IBM的制度文化告诉我们，制度不只是针对普通员工的，而是针对公司所有人员的，这里面包括了所有管理人员以及公司的老板。在制度面前，每个人不论职位高低、对公司的功劳大小，大家都一律平等。公司有公平和正义，公司的工作氛围才会和谐，员工的积极性才能得到保护和激发。当大家意识到只要努力工作，就能得到公司的回报时，他们自然会加倍努力地去工作。

3　制度朝令夕改，员工就会找不着北

在企业管理中，有一种管理者经常令员工们苦不堪言。他们出台规定，朝令夕改，今天这样规定，明天那样调整，整来整去，整得员工不知所措。结果，员工怎么做也不符合他们的要求，员工感到非常受打击。

有个年轻人在一家公司担任经理助理一职，但是他工作

得很不开心。理由是，他很怕见到老板，不知道怎么工作是对的。他说，老板经常不停地改变想法出台规章制度，让他无所适从。老板经常说的话是"你这样做不行""你把那个通知追回来""准备修改一下原来的方案"等等。

还有一家规模不小的公司，在管理上也出现了朝令夕改的问题。公司一切都看老板娘的心情，老板娘今天开心，出台一项福利制度，可是明天却予以否认，或说忘记了，或说昨天出台的制度没有细想，还要具体思考一下。然而，当你没有按照制度执行时，她却突然间想起某项制度，大声斥责你的不对。

曾经有一次，公司要出台员工绩效考核制度，但是这项制度前前后后改了五六次，到最后还是没有确定。或许是因为这些原因，公司的员工频繁流动，今天可以招来30名员工，一个星期后，可以炒掉29名员工。

管理者在出台制度、下达命令时朝令夕改，会让员工摸不着头脑，无法应对工作，整天忙着收拾残局。在这样的企业员工不可能快乐，因为他们工作起来没有积极性，没有成就感。这样的企业也是没有希望的，因为它缺乏向心力和凝聚力，管理者彻底失去了员工的信任。所以，企业管理者要认识到朝令夕改的危害性，改变这种不良的管理习惯。

一般情况下，管理者出台制度后朝令夕改，主要有以下两大原因：

第一，制度操作难度太大，可行性太差。有些企业在制定规章制度之前，没有对实际工作进行调查，没有充分考虑生产、销售、售后等各个环节的实际情况，于是闭门造车，或生搬硬套别人的制度，结果制度出台后，发现水土不服，缺少可操作性。这样也会导致朝令夕改。

第二，制度没有系统性和连贯性。企业规章制度是一项较为复杂的系统，但不少企业管理者在制定制度时，却抱着"走一步算一步"的态度，不注重制度的前后联系，导致前一项制度与后一项制度缺少连贯性，甚至割裂开来、相互拆台，这也是造成制度朝令夕改的原因。

除了以上两点原因之外，管理者出台制度朝令夕改最大的一个原因是，他们本人性格犹豫不定、遇事反复无常，或做事不慎重等等。那么，怎样才能避免出台制度朝令夕改呢？对此，管理者可以从三个方面努力：

（1）制定制度要慎重一些，注重前瞻性和大局观

在制定制度时，管理者要考虑到客观情况的变化，要前瞻性、全局性地看待实际情况。尽可能制定多种制度方案，慎重地从中选出最佳的一个方案，以保证制度经得起客观实际的考验，即使遇到一些突发性事件，也不至于大幅度地调整制度。

（2）制定制度要结合实际，注重具体性和可行性

制定制度是为了真正能够解决实际问题，如果制度对解决实际问题没有任何帮助，比如制度空洞无物、过于抽象，让人无所适从，或者制度要求过于严格、目标太高，让人无法达到等，这样的制度都是没有意义的制度。因此，在制定制度时，要从实际出发，结合企业的具体目标，站在全局的

高度，把握制度的具体性和可行性。

（3）制定制度要征询员工意见，体现民主性和人性化

有些企业花了很长时间制定了详细的制度，但就是执行不下去。为什么呢？这与制度缺乏民主性和人性化有很大的关系。要知道，如果只有生硬的制度，却没有体现出人性化，员工往往会产生排斥和不认同的心理。因此，在制定制度前期，应多听取员工的意见，并在制度中附上明确的考核体系和奖惩标准，这样的制度才会产生约束力和激励性，才容易有效地贯彻执行。

4　制度要抓重点，要简洁、明确

不少公司的制度文本拿出来一大叠，厚厚的像一本书，翻开内文，细细一看，你会发现，里面啰唆的内容一大堆。原本一句话可以说清楚的，他们硬生生地扩展成一段话，好像写得"丰满"就意味着制度完善一样，好像上面的字越多，显得制度考虑的问题越全面一样。

其实，真正好的制度，并不是越复杂、条款越多越好，而是针对一定的问题，把该考虑到的方面考虑到，避免有些员工钻制度的空子。与此同时，制度的表述应简洁、明确、言简意赅，让大家看得明白，容易执行。说到容易执行，我们就不得不提制度的另一个极端，那就是过于简单，过于模糊笼统，没有具体的执行标准。举个例子：

某公司员工上班迟到现象屡见不鲜，经常是一过了上班时间，只有两三个员工准时坐在电脑前办公，多数员工没到公司。10分钟之后，那些迟到的员工手里提着早餐，三三两两、陆陆续续地来到公司，然后大家打开电脑、聊着天、吃着早餐、看着新闻，这么一折腾，时间差不多过了1个小时，原本上午只有3个小时的上班时间，仅剩下两个小时。

有几次，公司领导来到公司，发现很多员工没来，于是意识到要解决这个问题。一天，他开会时宣布："大家注意了，为了提高工作效率，以后上班不要迟到了。"就这么一句话管用吗？当然不管用，这句话说出来等于没说。因为这项规定没有监管的负责人，没有任何惩处措施。

果然，那些习惯了迟到的员工，除了在会议的第二天做了做样子早到之外，过后又和往常一样了，他们继续发扬着上班迟到的"工作作风"……

在这个案例中，领导者针对具体的问题——员工上班迟到频繁的现象，做了一个规定："以后上班不要迟到了。"这个规定抓住了迟到问题，但是没有提出具体、明确的要求和处理措施，也没有指定具体的监管人，因此，这项规定流于形式，如风中的一团烟雾很快就烟消云散了。如果该规定明确指出，以后上班迟到多少分钟，要扣发多少钱；考勤制度由谁来具体负责监督实施等，那么效果就会大不一样了。

现实中，公司在制定制度的时候，发生这种舍本逐末、表述繁冗或过于笼统、不够明确的现象是非常普遍的。那么管理者在制定制度时，应注意什么呢？

（1）抓住重点问题，避免舍本逐末

有些制度条文中，列举了很多无关紧要或关系不大的内容，这会严重削弱制度中重点内容的分量，是典型的喧宾夺主。比如，有一项制度是针对员工上班聊 QQ 的，但制度条文中，却大篇幅地说员工上班聊 QQ 的不良影响，这有必要吗？管理者只需规定上班除工作不准闲聊 QQ 即可，闲聊者一经发现如何处理等，无需在制度中讲大道理。

（2）制度表述要简明扼要，避免啰唆

制度的出台，是为了让公司全体成员执行，如果制度条文太繁琐，就会削弱制度的威信。比如，有一家纺织厂的《安全守则》中，有这样一条："公司厂区内不得燃放可燃性或容易导致燃烧的器具。"这句话就不够简明，不易被人理解，其实这句话的意思就是——厂区之内，严禁烟火。

（3）内容具体，避免误解

内容具体的制度，不容易让人产生误解，可以减少执行过程中的偏差。所谓具体，指的是公司希望员工怎样做，如果员工不怎样做，将会受到怎样的处罚。因此，制度包含了两方面的内容，一方面是不允许员工做什么，另一方面是如果员工违反了规定，将受到怎样的处罚。可是很多公司在制定制度时，只有前一个方面，却没有后一个方面，违背了制度应该承担什么责任，没有事先的约定。

比如，公园的草坪上有"请勿践踏草坪"的标语，但是草坪照样被人践踏。厂房里有"禁止吸烟"的字样，但是员工照样在厂区吸烟，为什么会这样呢？因为这些禁止的内容，根本没有惩罚性，如果把那句标语改成"禁止吸烟，违者罚款"，甚至更具体一些"禁止吸烟，违者罚款 100 元"，那么这项规定就更有约束力了。

身为管理者，一定要搞清楚制度的作用体现在哪里。毫无疑问，制度是规范人们的行为的，让人们按照一定的标准去行事，如果员工没有做到，要承担什么责任？是扣奖金、扣工资、降级，还是辞退？当然，具体怎样处罚，还需管理者自己思考清楚。

5　得不到执行的制度都是"纸老虎"

建立一套合理的规章制度是经营和管理好企业的前提，但是有了制度不等于高枕无忧，如果有合理的制度，却没有有效执行，那么会出现什么情况呢？有这样一个案例：

一天晚上，某家公司的财务室被撬开，墙边的保险柜也被打开，柜内的 20 万元现金被盗。这笔钱是公司第二天急用的购料款，但这笔钱突然丢失了，严重影响了公司的正常业务。

然而，令人不解的是，这个保险柜是国内最先进的一款，柜子上面有报警器、电击系统和密码装置，而且密码系统由电脑控制。既然保险措施如此齐备，那保险柜为什么还会被盗贼轻而易举地打开呢？

事后经过调查发现，使用保险柜的出纳是个马虎大意的人。虽然公司制定了一整套财务保卫的规章制度，但是出纳根本没有按制度执行。在他看来，这个保险柜确实不错，但是他觉得公司很安全，没必要小题大做，因此他把钱放进保险柜之后，并没有将其锁上，而是虚掩着保险柜的门，这样便于他取钱时方便……

有保险柜不用，有制度不执行，这样的保险柜还有何用？这样的制度还有何用？这个案例告诉我们，企业的规章制度再好，如果没有不折不扣的执行，制度也会沦为一纸空文，无法发挥应有的作用。

很多企业制定了成套的管理制度、工作标准，大到厂纪厂规，小到领物规定、作息规定等，不可谓不完善。如果这些制度真的能贯彻执行下去，对企业绝对有很大的帮助。但遗憾的是，很多企业把制度当作花瓶和摆设，导致制度流于形式——做出来只是为了给别人看，却没有体现在执行中。

看看那些破产或倒闭的企业，它们破产或倒闭的原因在哪呢？很多人可能会说，管理者的决策失误，领导不力。也许有这方面的原因，但在管理者没有失误、公司制度没有问题的情况下，有些企业依然会破产，这是什么原因呢？其实，出现这种问题的根源在于，制度没有得到有效地执行。

而那些发展势头良好的企业，管理者一定是强化制度执行的人，绝不会无视制度的权威。当他们发现有不遵守制度的情况时，肯定会严肃处理，必不姑息纵容。

康佳是国内彩电行业知名度颇高的企业，也是一家十分强调制度执行的公司。在康佳公司，有这样一条规定：在工作场所不准吸烟！然而，这个看似简单的规定，并不是每个员工都做得到。公司里有一个20多岁的年轻技术员，非常受公司领导的器重。由于他的能力突出，进入公司不久便晋升为车间的副主任。在走向领导岗位之后，他工作更加积极，表现更加优秀。

可是，该年轻人有一个不好的习惯——特别爱抽烟，而且烟瘾极大。由于公司明文规定不准在工作场所吸烟，因此，他只好每天上班之前猛吸几口烟，到了中午吃完饭，再猛吸几口烟，然后强忍着烟瘾熬到下班。

一天，年轻人发现楼梯的拐角处比较隐蔽，他个人觉得这个地方不能算是工作场所。于是，他抱着侥幸的心理，在上班的间隙在这个地方抽烟。非常不幸的事情发生了，正当他享受吞云吐雾的快感时，公司的副总经理恰好路过此处。

虽然当时副总经理没有过多地批评他，但是公司的人力资源部很快就做出了处理决定：第一，免去了他车间副主任的职务；第二，罚款；第三，全厂通报批评。

这事件被公之于众后，在康佳公司的整个生产车间引起了巨大的反响。很多员工认为公司的管理方式太苛刻，惩罚力度太大。但是自从这件事之后，再也没有人在工作场所吸烟了。

如果你是那位年轻人，也许你会觉得自己很冤，心想：我不就是抽了一支烟吗？至于大动干戈吗？给我一个口头警告不就可以了吗，或者让我私下写个检讨书，再不然罚我一两百块钱也行，为什么要撤我的职呢？这不是存心让我难堪吗？

但是，如果你能站在公司管理者的角度考虑问题，也许就不这么认为了。因为公司已经明确规定，不能在工作场所抽烟，你却明知故犯，公然违反制度。如果管理者不按制度的规定严惩你，制度的威严何在？今天管理者对你网开一面，明天别人违反了制度，管理者是否也要对他网开一面呢？如此一来，制度还有约束力吗？

所以说，康佳副总经理的处理方法是明智的，他让公司的制度成了万伏高压电，让员工害怕触碰，这对全体员工都充满威慑力。对不遵守公司制度、不按制度办事、不按制度执行的员工，若不下几剂"猛药"，他们是不知道疼痛的。只有让他们痛过，才能深刻地记住教训，才能乖乖地执行制度。

三国时期，诸葛亮挥泪斩马谡，在军中树立了不折不扣地执行制度的楷模。今天的康佳公司，严肃地处理了违反制度的员工，也为现代企业管理者树立了榜样。如果你想管好企业，想让企业不断发展壮大，一定要让公司的制度不折不扣地执行。

6　别让公司制度与法律法规撞车

有句话说得好："我的地盘我做主。"很多企业老板都有这种观念，他们心里这么认为，并且嘴上是这么说的，行为上是这么做的："在我的企业，你就得听我的，否则，我让你滚蛋。"有了这种心理，他们制定的公司制度，也往往显得"无法无天"。

2008年10月28日上午，张先生驾驶着公交车途经某路口时，发现一名路人骑车上了马路，为了避让，他紧急刹车，结果造成公交车上的一位乘客摔倒受伤。伤者是名50多岁的妇女，经鉴定构成9级伤残。

事故处理完毕之后，公司总共赔偿伤者13.9万元，由于车辆有保险，其中11万由保险公司支付。公司领导找到张先生，要求他根据公司的规章制度赔偿公司的损失。公交公司有一部很重要的规章制度，叫《责任事故损失赔偿及行政处理办法》，其中规定负事故全部责任，按照第四条第一款第一项的规定，应当赔偿公司损失的20%。

然而，到底怎样计算这笔费用呢？张先生与公司发生了严重分歧。公司要求张先生支付两笔费用，第一笔费用为超出10万元的那部分费用，因为张先生所在的公交公司有制度规定，凡是10万元以上的事故就要被解雇。如果想继续留在公司，就必须把超出10万元的部分补齐。第二笔费用是10万元的20%，加起来总共5.9万元。

张某不愿意出第一笔费用，但又不想被解雇，万般无奈之际，他将公司告上法庭。法庭经过一个小时的审理，法官当场宣判，公司的制度不合理，张先生胜诉——公司不得解雇张先生。

相关法律规定："用人单位制定的内部规章制度，与集体合同或者劳动合同约定的内容不一致，劳动者请求优先适用合同约定的，人民法院应当予以支持。"在这里，"优先"二字非常关键，它表明在企业制度与法律法规产生冲突时，应该优先以法律法规为准则。这样才有利于保护劳动者。

事实上，很多老板不是不明白法律大于公司制度，但是他们心中有特权思想，又有侥幸心理，认为制度与法律有冲突没关系，员工想在自己的企业里工作，就必须认可这些制度。殊不知，这种想法是有风险的。一旦公司出现劳资纠纷，员工把公司告上劳动仲裁机构或法庭，最终败诉的肯定是用人单位。所以，经营公司还需以法律为准绳，做一个守法的企业管理者，尤其是做老板的，一定要敬畏法律，坚决不制定与法律"撞车"的企业制度。

当然，企业如果存在哪方面的制度短板，对企业的发展也是不利的。一旦发现制度的漏洞，一定要设法补齐，或尽可能地补齐，这样才能保障员工的利益，平息员工的不满，保护员工的工作积极性。

有一家公司各方面的制度都还不错，但就是薪酬制度存在诸多问题，多次引起员工的不满，不少员工因此而愤然离职。有一次，公司安排三名员工去接受培训，老板当时表示前去接受培训的三名员工每天将获得 100 元的补贴。

到了月末，公司核算工资时，老板表示："三名前去接受培训的员工，在 10 天的培训期间，基本工资要扣除掉。没有完成当月工作任务的，也要按未完成任务的计酬方法来算工资（最低标准）。"

由于该公司给员工的基本工资为 2200 元，平均到每一天的工作日，一天 100 元。那么，当初老板承诺的培训期间，每天补贴 100 元，完全就是一个大忽悠。同时，由于三名员工前去接受培训，因此影响了当月工作任务的完成，这样一来，员工的工资就减少了很多。

　　当三名员工得知老板的计酬方式后，立即勃然大怒，他们认为员工在工作期间，接受公司的安排，基本工资不能扣除。在这个前提下，培训期间每天补贴 100 元才是有意义的。否则，老板不就是"骗"员工去接受培训，想省下一笔基本工资嘛！

　　当三名员工找老板理论时，老板却说："我让你们去培训，那完全是器重你们，你们想一想，今天你们得到了培训，能力得到了提高，会给自己一生都带来好处，是不是呢？"员工表示："我们压根就不稀罕这机会，当初要不是你说每天给 100 元补贴，我们还不去呢？没想到你这样坑人，我们不干了。"

　　最后，三名员工一同辞职，而他们是公司的骨干员工。三名员工离职后，公司一度陷入了困境，因为大家干不出活，公司没办法给客户满意的产品。

　　在这个案例中，老板斤斤计较于 10 天的基本工资，导致员工愤然离职，结果企业陷入僵局。由此可见，这家企业的老板非常小家子气，在员工的薪酬上算得非常清楚，而且算得不合道理，以至于员工不满。

　　其实，无论是哪方面的制度，只要存在过于明显的短板，对企业的发展都是极为不利的。比如，有些企业特别不重视福利制度，过年过节的，别的公司又是发礼品，又是发过节费，又是请员工吃大餐，可他们公司呢？什么没有不说，还要求加班，你说找谁说理去？员工心里觉得没有受到应有的重视，一次次累积，总会有一天爆发出来。

再比如，有些企业对考勤管得特别严，迟到了就要罚款，哪怕一个月仅有一次迟到也不例外。而员工全勤呢？那就是理所应当的，没有半毛钱的奖励。员工每天早上挤公交，火急火燎地来上班，若因堵车偶尔迟到一两分钟被罚款，你说他们气不气？这种气愤积累下来，总有一天也会爆发。

所以，管理者一定要善于自查，对企业的制度进行满意度调查，听听员工有怎样的看法，如果很多员工对某一方面的制度有意见，那么管理者就要好好反省一下了，是不是制度真的有问题？然后及时修正不完善的制度，努力给员工一个人性化、规范化的管理，这样才能赢得员工的心。

05

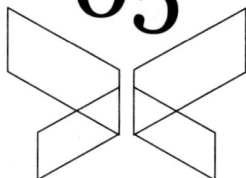

怎样说，员工才会懂；
怎样讲，员工才会做

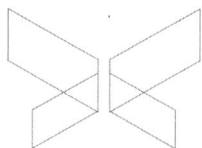

没有沟通就没有管理，美国通用电气公司前 CEO 杰克·韦尔奇说过："管理就是沟通、沟通、再沟通"。对于管理者来说，有了沟通，工作才能交办清楚，才能有效地把握下属执行的状况；对下属来说，有了沟通，下属才能明白领导者的意图，才知道执行的方向、达到的效果。尤其是在出现重大问题时，唯有沟通才能保证信息的上传下达。所以，管理者要重视沟通，用心沟通。

1 拆掉上下级之间的"隔离墙"

在企业管理中，经常会出现因沟通不到位，导致执行不到位的情况。而由于执行不到位的原因是沟通不到位，还会导致上下级之间产生误会、矛盾、冲突，严重影响团队的执行力，造成团队成员之间出现内耗。

在很多企业里，领导和下属之间都存在沟通不到位的问题。很多时候，领导者交代下属做什么，下属做了之后发现难度较大，就中断执行，却不反馈给领导；领导交代给下属之后，也不过问，等过了一段时间，就开始要结果。

更严重的是，在沟通中，领导者说得太粗略，有些该交代的重要信息却不交代，下属不好意思问，这样就造成了沟通不到位。

事实上，企业存在的很多问题，本质上都是因为沟通出了问题，沟通不到位是一切问题的根源。而沟通不到位，关键在于管理者的出发点与下属的出发点不一样，看问题的角度和心态也不一样。在企业管理中，正是因为细小问题上的沟通不畅，导致工作效率大大降低，严重干扰了公司的发展，有时候还会引起顾客的投诉。

一天中午，一位客人在某酒店的前台退房，他把钥匙交给前台经理，表示半小时后回来结账。当时前台经理正准备去吃午餐，考虑到客人半小时后才回来，而她用餐时间不到半小时，于是她将客人交来的钥匙放在柜台里边，并未告知下属，就去吃饭了。

不料，仅过了15分钟，客人就回到前台，表示要退房。而另一名值班员要求客人上交钥匙，但客人却表示钥匙已经上交。由此，客人与值班员发生了矛盾，最后客人生气地投诉了酒店。

酒店的前台经理缺乏沟通意识，她在离开时，并未与下属交代清楚，这才是导致客人投诉的根本原因。由此可见，在管理中一定要强调沟通到位，沟通不到位或没有沟通，对企业管理会产生很多负面的影响。那么，在沟通时，管理者应该注意哪些问题呢？

首先，沟通要简洁明确，切忌啰唆。简洁明确是指，言简意赅地把任务交代清楚，要做什么、要做到什么样的效果、什么时候完成等，一一告知清楚。而不要啰啰唆唆，像唐僧念经一样，那样会削弱员工对关键因素的印象，不利于员工执行到位。

其次，询问员工：你有什么不明白的吗？很多管理者在沟通时，不重视这一点，他们认为下属明白，其实下属明白了吗？其实，员工是否明白，管理者多问一句就可以了。这样给员工一个表达疑问的机会，显得管理者善解人意。

再次，让员工重复一下你的意思。当你与员工沟通之后，你不妨对他说："你说一下我要你做什么？"通过这种方式，可以考察员工是否真的明白你的意思。

最后，对员工说："执行过程中，有问题随时问我。"有时候，员工在执行中出了问题，不好意思问领导者，硬着头皮去执行，到头来执行结果与领导者要求的相差甚远。其实，如果在遇到问题时，及时询问领导者的意见，这种情况是很容易避免的。所以，管理者有必要提醒下属一句："有问题及时来问我。"

2　敞开胸襟，倾听下属的建议

在任何公司，员工的不满与怨言都是客观存在的。从薪酬福利到工作任务量，再到部门利益、再到企业制度等，都存在争议。作为领导者，要看到不满的背后是什么，是公司的制度存在不合理的地方，还是仅仅是一种抱怨而已？是员工自身的问题，还是公司的问题？

很多管理者，忽视员工的抱怨，装聋作哑，不重视员工的意见和建议，认为只要不去理会，员工的抱怨就会自然消失。殊不知，这种掩耳盗铃般的自我安慰有多么可笑。要知道，抱怨就像一种慢性毒药，时间越久，扩散越大，甚至会产生"蝴蝶效应"，毒性一波一波地扩散开来，最后造成难以弥补的后果。

拥有 20 多年管理经验、现任麦考林 CFO（财务总监）

的张先生表示，他听多了员工的抱怨，也接受了很多优良的意见。在他看来，针对不同的建议，要有相对应的措施，这样才能像打太极一样，达到"四两拨千斤"的效果。

张先生说："有些员工只是抱怨公司不能吃东西，或者一些办公设备老旧，这样的抱怨只是抱怨而已。他们需要发泄，那就发泄好了；有些抱怨则涉及公司影响和利益，如果这样就不能袖手旁观了，必须及时解决，包括制定规范的工作流程、明确岗位职责、完善规章制度等。"

怨言并不可怕，可怕的是作为领导者，没有体察到员工的抱怨所折射出来的想法，或者对员工的回应太慢，从而导致员工的不满情绪蔓延下去，最终导致管理混乱、矛盾激化。因此，领导者要在第一时间注意到员工的建议，及时消除员工的不满。

有一位财务经理上任伊始，就遇到了一件棘手的事情。原因是他在召开部门工作调整会议之前，事先没有与员工进行沟通，员工认为他的做法过于自我、武断，并由此产生了不满和抱怨。他是怎么知道员工产生了抱怨呢？

原来，在他开完部门工作调整会议后，老板就把他叫到办公室，说："刚才你的部门有几个员工找到我，抱怨你分配工作不公平。"听了老板的话，财务经理的脑子"嗡"的一声就大了，他自认为分配工作很公平，而且在召开会议的时候，他也没有发现员工有不满的情绪。

老板没有为难财务经理，只是对他说："你不用着急，回去思考一下，怎样解决他们的抱怨吧！"

财务经理经过冷静的思考，决定轮流找下属谈话。最后，他终于弄明白了，原来他们觉得他在工作调整会议之前，没有和他们及时沟通，他们认为他的决定是在拍脑门，是对他们的不尊重，是不负责任的。

　　找到下属抱怨的症结之后，财务经理就要想办法解决。在那段时间，他经常会找那几位抱怨的员工聊天，引导他们去适应新的工作。慢慢地，他们也体会到财务经理的良苦用心，抱怨逐渐消除了。

　　这位财务经理的聪明之处在于，当他意识到下属心存不满之后，没有忽视这种不满，而是非常积极地去找问题的症结，然后通过贴心的沟通予以化解。如果他当时没有这么做，后果会怎样呢？也许那样做，会让员工把不满情绪进一步宣泄出来，演变成公然的不配合、不服从甚至是挑衅、作对，如此一来，团队就会陷入混乱。

　　员工的不满情绪有点像流感，具有传染性。消除流感的做法是先把它们分类，分清是病毒性感冒还是普通感冒。对待员工的抱怨也应该如此，分清到底是日常事务型的抱怨，还是属于想改进制度或为公司好，还是反映问题没得到解决而抱怨？也就是说，化解员工抱怨的根本办法是对症下药。

　　施布尔是一家大公司的员工。在工作上，他的能力突出，每次都能按时按质地完成部门经理交给他的任务，但是不知出于什么原因，部门经理好像就是不喜欢他，对他有些反感。

　　为什么部门经理反感他呢？原来，每次部门经理交给他生产任务时，他就会抱怨："我每个月拿这么点薪水，要完成的任务却这么多！"对于施布尔的抱怨，部门经理根本不放在心上，他唯一做的就是对施布尔表现出反感的情绪。

后来，施布尔的抱怨传到了公司总经理的耳朵里，总经理派人对施布尔的工作进行考察，发现施布尔的工作能力突出、工作尽职尽责、业绩名列部门前茅，于是当即提拔他做部门的经理，代替原来的部门经理，并且提高了他的薪酬水平。

果然，施布尔上任不久，就把这个原本效益不好的部门整顿得有条不紊，公司的利润比原来多了很多。而且，对于公司交给他的任务，他再也不抱怨了。

看完这个故事，我们看到了一种良好的结局。如果回过头去设想一下，假如公司的总经理不提拔施布尔、不给他加薪，而是像部门经理一样，对他的抱怨不予以理睬，甚至以开除或降级相威胁，那么，公司将会损失一个优秀的人才。

由此可见，施布尔的抱怨是有原因的，因为他不被重视、没有得到重用，而并非他本身懒惰、没事找事。对待这样的员工，你一定要重视他，给他安排合理的职务，给他相应的薪酬，他的抱怨自然会停止。

事实上，许多优秀的企业都十分重视员工的抱怨。比如，在120多个国家拥有超过3万家餐厅的麦当劳公司，就特意为员工设立了抱怨、宣泄的正当渠道。每一年，麦当劳都会举行一次不记名的"员工满意度调查"，让不同级别的员工都有机会表达自己对公司的意见和看法。公司在各分店还设立了"同仁意见箱",或申诉、或提出新点子。毫无疑问,麦当劳的做法值得我们深思。

3 营造民主气氛,让员工说出"真心话"

要想成为一名优秀的领导者,你需要具备很多优秀的品质,愿意倾听、善于倾听就是其中一个。倾听什么呢?倾听下属的真实想法,倾听员工的肺腑之言。只有当你愿意倾听、善于倾听时,员工才有可能对你说真话,向你提建议,从而使你获得帮助。

很多管理者之所以不愿意听真话,是因为真话很多时候并不"动听"。就像影片《乱》中讲述的那样,主角是个刚愎自用的国王,他身边唯一敢说真话的是一个宫廷小丑。无独有偶,在影片《李尔王》中,唯一愿意把真话说给王听的是一个傻子。

企业内部的权力格局,很多时候与宫廷内部的权力格局十分相似。当员工都不愿意说真话时,往往是因为存在这样两种情况:第一,企业领导者的个性强硬,他有成功的经历,周围人都唯唯诺诺;第二,领导者傲慢自大,独断专行,常给人以高高在上的感觉。

在这两种情况下,领导者就算是带着企业冲向悬崖,也不会有人站出来说真话。要知道,在生存压力如此之大的今天,员工冒着丢掉工作的危险"以死相谏"是愚蠢的。难怪蒙牛总裁牛根生说："听不到员工的奉承的领导是幸运的，听不到员工的真话的领导是危险的。"

员工的真话也许不是真知灼见，但一定是肺腑之言。世界首富比尔·盖茨曾说："如果人人都能提出建议，就说明人人都在关心公司，公司才会有前途。"他总是鼓励员工畅所欲言，鼓励员工对公司的发展、存在的问题，甚至上司的缺点，毫无保留地提出批评、建议或提案。

微软的员工为什么敢说真话呢？并不是因为他们勇敢，而是因为他们知道，他们不会因说真话而受到任何伤害。在大多数情况下，员工之所以不愿意说真话，而是把自己的想法和观点保留起来，往往是因为说真话会给自己带来伤害或不好的影响。因此，让员工拥有说真话的安全感，这对鼓励员工畅所欲言十分重要。

怎样才能让员工拥有说真话的安全感呢？关键在于领导者要站出来，大声鼓励员工说真话，尽管他们的真话不一定是真知灼见，领导者也不一定认可和采纳，但领导者同样要欣赏和感激愿意说真话的员工。只有这样做才能赢得员工的拥戴，真正给员工安全感，激发出员工说真话的积极性。

在这一点上，费城的工程技术公司 CDI 的 CEO 波莱特·埃伯哈特做得非常好，她上任之后要求自己的团队"直言不讳，但要有礼貌"，哪怕他们需要拍桌子来引起她的注意。通用电气公司前 CEO 杰克·韦尔奇也是这么做的，他历来都鼓励员工为企业的发展献言献策，并创造性地工作。通用汽车公司的 CEO 丹·阿克森同样如此，他会定时到员工上班的地方走走，看看他们的情绪如何，同时征询反馈意见。他建议管理者们："如果你从一个员工那里听说了什么消息，马上感谢这个员工的开诚布公。"

真话是无价的，但真话是很难听到的。成功的领导者只有想方设法激发员工"掏心窝"，才能使各项管理做到有的放矢，才能避免因主观武断而导致决策失误。那么，到底该如何激发员工说真话呢？

首先，在企业里营造"百家争鸣"的氛围。在平时的管理中，领导者应与员工彼此尊重，相互信任，要让员工有发表意见的机会。在公司会议上，领导者最好不要率先发言，即便率先发言，也不要轻易定调子，可以抛砖引玉，鼓励大家畅所欲言，避免把大家的思维限定在领导者框定的范围内。当员工发表意见时，领导者不要批评或反对别人的观点，这样大家才可能畅所欲言。

其次，做一个倾听高手。倾听员工是管理者的明智之举，不善于倾听是管理者最大的疏忽。玫琳凯在《玫琳凯谈人的管理》一书中，曾对倾听的影响做了如此的说明。玫琳凯之所以能够迅速成为一家拥有 20 万美容顾问的化妆品公司，其成功的秘诀之一就是重视每个员工的价值，他们清楚员工真正需要的不只是金钱和地位，还需要倾听他们意见的管理者。

当员工发表意见时，领导者应认真倾听，必要时还可以拿笔做记录，然后通过对员工意见的分析整理，发现企业存在的问题，并找到相应的解决方案。在倾听时，不要马上问许多问题，因为你不停地问会让对方有一种被质疑的感觉。倾听时，还要通过非语言信息的传递，表达你对讲话者的重视，例如，眼神接触、友好的表情、轻松的姿态等，都可以建立积极的倾听氛围。

再次，和员工一起商讨解决方案。很多时候，当员工开诚布公地提出意见或建议时，其实他内心是有解决方案的。因此，在你听完他的意见之后，可以与他一起商讨解决方案，这样可以进一步表达对员工的重视，从而肯定员工的价值，会使员工感到受鼓舞。

最后，对员工的谈话表达谢意。员工能和你说真话，这是非常难得的。因此，当你们的谈话结束之后，你应该对他表达谢意，通过对员工表达谢意，可以让员工感受到他的价值，员工知道你高度评价了他在解决问题时所付出的努力，他将会更加关注企业别的问题并努力解决。

4 跟员工沟通：多用建议，少用命令

在企业日常管理中，领导者与员工沟通是最常见的管理行为。那么，怎样与员工沟通呢？也许你会说："这还不简单？不就是针对某些问题和员工交流想法吗？"话是这么说，但具体怎么做呢？我们先来看一个案例吧！

某企业的生产车间里比较脏乱，原因是生产任务比较繁重，大家都忙着搞生产，无暇顾及卫生情况。这天，生产部

门主管来到车间，见地上比较脏乱，非常不满意，他把车间主任叫到跟前，大声地说："看看你的车间，又脏又乱，还不赶紧收拾一下！"

车间主任不高兴地说："生产任务这么重，我们忙得连上厕所的时间都没有，哪还有时间收拾这些？"

生产部主任一听，觉得车间主任说的也有道理，于是闷声不响地离开了。

过了一会儿，生产部经理来到车间，也发现车间比较脏乱。他先在车间里四处巡视一番，然后找到车间主任，关切地问："最近忙坏了吧？"

车间主任说："还好了，幸亏大部分已经完工了，剩下的任务可以按部就班地进行了。"

生产部经理说："我在车间转了一圈，感觉里面有点乱啊，能不能抽个时间收拾一下？"

车间主任说："我也注意到了，我马上安排人整理。"

大概过了半个小时，经理再一次来到车间，发现里面已经井然有序，十分整洁。

为什么生产部主任和生产部经理分别给车间主任下达了相同含义的命令，但结果却大相径庭呢？是因为生产部主任的职位比生产部经理的职位低、说话不管用吗？当然不是，而是因为他们下达命令的方式不同，他们的不同在哪儿呢？

生产部主任说"还不赶紧收拾一下"，语气中带有责怪、硬性要求的含义，给人一种压迫感，让人觉得没有得到尊重，因此，容易激起车间主任的逆反，于是车间主任以顶撞来回应。而生产部经理的语气中充满了协商的口吻，意思是，如果你有时间，就收拾一下，没有时间，推后收拾也无妨，你自己看着办！这种有弹性的命令，带有建议性的口吻，让车间主任感受到了一种平等感、被尊重感，因此，车间主任欣然应允，马上安排人收拾。

由此可见，同样的沟通，语气不同，沟通的效果也别有洞天。所以，不要以为自己是领导者，就表现得高高在上、颐指气使，就用强硬的命令压你的员工。要知道，每一个员工都有自尊心，他们希望被领导者平等相待。如果你忽视员工的这层心理，采用命令的口气与他们沟通，要求他们去做事，他们最多只是把事情做完。但如果你采用商量的口气、建议的口吻与下属沟通，下属往往会把事情做好。

"做完"和"做好"，一字之差，执行效果也许相差甚远，做完只是基本的完成，充其量是合格。做好则是做到位、做圆满，让你无可挑剔，可以称得上是"优质"。试问，你希望下属给你怎样的执行效果呢？

人是情感动物，而不是机器，人会有情绪、有感受、有自尊心，而机器没有。当你向机器下达命令时，你要做的就是用力地按下某个按钮，而当你向员工下达命令时，如果你语气"重"了，就容易使员工感受到压迫感，他们会本能地抗拒。如果你轻声一点，多一点协商，多一点建议，他们就会舒服地接受命令，做到你想要的效果。

美国管理专家帕特里克·兰西奥尼曾说过："企业中无穷无尽的管理危机，往往并不是表面上的战略失误、营销不力、竞争威胁、技术开发上的不智决策等等所致，而是管理者犯了一些基本的但是又没有引起正视的错误，才导致危机的爆发。"其实，命令性的口吻和语气，就是一个基本的但是又没有被引起正视的错误，它是造成管理危机的一个导火索。

这是发生在某大型企业的一件事：

一天，总裁先生回办公室取东西，走到门口时，突然意识到自己没有带钥匙。这个时候，他的秘书早已下班。他给秘书打电话，但是秘书没有及时接听。他感到非常气愤，于是不停地拨打对方的电话，终于，秘书接听电话了。

在电话中，总裁带着满腔的怒火斥责对方，并命令道："你给我马上来公司，我在这里等你开门。"

面对总裁的要求，秘书当即反驳道："我凭什么去公司？我已经下班了，我不再受你的指使，你没有资格对我吼叫……"

第二天，秘书来到公司人事部，要求办理离职手续。

日本松下电器公司的创始人松下幸之助曾表示："不论是企业或团体的领导者，要使属下高高兴兴、自动自发地做事，我认为最重要的，要在用人和被用人之间，建立双向的，也就是精神与精神，心与心的契合、沟通。"在他看来，精神与精神、心与心的平等沟通十分重要，要做到这一点，最好就是用建议和商量的口吻和下属沟通。

一般来说，在与员工沟通时，有这样几个细节值得领导者注意：

（1）放平语气，不要颐指气使。有些领导者有事就扯着大嗓门对下属吼，自认为这是雷厉风行的表现，能产生好的效果，其实恰恰相反，这样非常令人反感。

（2）在沟通中，多用"请"。请是一种温和的要求，作为领导者，原本要求下属做某件事实属正常，但若领导者懂得用"请"字，那么下属会受宠若惊，会感到受尊重。比如，你让下属收拾办公桌，说"请大家把办公桌收拾一下"的效果就比"把办公桌收拾一下"的效果好。

（3）沟通中，询问下属的看法："你有怎样的想法呢？"所谓沟通，讲究的是相互，当你说出想法之后，下属不一定会认同你，因为他们可能有自己的想法。这个时候，你不妨用征询的口吻问他："你有什么想法呢？"引导他说出来，便于你们更好地沟通。

（4）用建议的口吻下命令。下达命令是很常见的管理行为，但你要知道，没有谁喜欢被呼来唤去，因此，当你向下属下达命令时，不妨建议道："你是否可以抽个时间，把车间收拾一下呢？"这样下属更愿意接受你的建议。

5　坚决不搞"一言堂"

在有些企业中，老板经常摆出一副高高在上的姿态，对下属抱着"你给我打工你就得听我的，不愿意干就走人"的心态，他们独揽大权不说，而且爱搞"一言堂"，根本不把部属的意见和建议放在眼里，也不给下属发言的机会。总之，他们把自己的权力发挥得淋漓尽致。

一位著名的企业家说过：老板最大的错误就是独断专行。独断专行，爱搞"一言堂"的老板注定要遭遇悲剧。没有人是不犯错的，老板再有能耐，也会犯错，而他不听别人的建议，犯错了自己还浑然不知，早晚会摔跟头。

2000年初，李先生被深圳某电子公司挖去做营销总监，主要负责公司的营销事务。在这之前，李先生是深圳一家公司的华北区销售经理，营销能力不用怀疑，经验也十分丰富。

走马上任之后，李先生发现公司的产品主要模仿同行的同类产品，其营销模式是靠低廉的价格吸引消费者。了解到这些之后，李先生主动与公司的总经理刘国栋沟通。然而，出乎李先生意外的是，刘国栋是个刚愎自用、独断专行的人，他根本不听李先生的意见。

李先生以为自己的意见缺少论证，才没有被总经理刘国栋认同，于是他经过一个多月的周密调研，针对公司方向性问题提出了一个方案。可是，当李先生将这份方案交给刘国栋时，刘国栋不但不高兴，反而生气地说："我挖你过来是让你做执行，不是让你做战略决策，在公司里全局战略性问题由我来完成。"

刘国栋还对李先生说："你报告里所写的内容不是你职责范围内的，在本公司，战略决策、营销模式的设定及市场开发等重大事宜不是你考虑的，而是由我统一制定，所以请你不要越俎代庖，你这个营销总监负责执行营销战略就行了。"

李先生知道，眼前的这位总经理难成大器，于是他果断选择了辞职。半年之后，刘国栋的公司倒闭了，原因是他一人独裁，听不得高层管理者们的谏言，在失去人心的同时，公司也丧失竞争力，最终导致资金链断裂，全线崩盘。

李先生是一位有能力的营销人才，但是在独断专行的老板手下，其业绩黯然无光，而且自尊心、积极性均受挫，这也为公司的倒闭埋下了伏笔。在我们周围，像这样的公司还有很多，公司老板表面上强调团队建设、鼓励团队合作，但实际上不愿意听取部属的意见和建议，不懂得集思广益，这种个人主义是公司发展的致命障碍。

刚愎自用、独断专行的老板，在管理中往往会表现出极端化、片面化、武断化的处事风格，这不仅易于激起下属的不满，影响下属工作才能的发挥，还容易让他在错误的决策上固执到底，最后付出惨重的代价。所以，只有解决管理者独断专行的问题，才能保证企业的生存和发展。

既然领导者刚愎自用、独断专行危害如此之大，那么该如何解决这个问题呢？其实，要想从本质上改变老板独断专权的毛病，要靠老板自己来克服人性的弱点，还要让老板认识到独断专行的危害性。当然，公司如果有严格的制度来约束老板的决策权，也会在一定程度上减轻老板独断的毛病。例如，公司制定了民主协商的决策制度，尤其是涉及公司战略问题时，除了老板有绝对发言权之外，公司其他高管也有权参与决策，通过集思广益的办法，可以在一定程度上减轻老板犯浑的可能性。

此外，公司还应努力创造"知无不言，言无不尽"的沟通气氛。作为老板，一定要清晰地认识到多听意见和建议的好。尽管有时候下属的意见不一定对，但老板一定要耐心地倾听，并且对下属积极献言的行为要表达肯定和赞赏，这对下属是最基本的尊重，也是保护下属积极性的重要举措。

作为企业老板或高层管理者，你一定要认识到：众人拾柴火焰高。也许你在企业经营和管理上有卓越的才能，但你要清楚，个人的智慧始终是有限的，多听听部属们的意见和建议对你有益无害。如果你认为他们的意见不合理，你可以在说明原因后不予采纳，但是当他们提建议时，你一定要认真地听，并且感谢他们积极献计献策。这样的老板才能鼓舞大家，才能赢得大家的拥戴。

6　慎重对待下属的"小报告"

看过中国古装电视剧的人，想必对那些喜欢在背后进谗言的小人都不陌生。他们喜欢探听别人的秘密，喜欢添油加醋、搬弄是非，喜欢小题大做，直接或间接地说别人的坏话，以达到自己的某种不可告人的目的。这种人就是组织的毒瘤，他们的存在早晚会危害企业的健康发展。

清朝道光年间，林则徐主张禁烟，坚持实行禁烟运动。由于禁烟运动损害了某些官员的利益，引起了他们的不满，这其中琦善就是一个。琦善多次在道光皇帝面前打林则徐的"小报告"，道光皇帝未经调查，就轻信谗言，将林则徐革职查办了。之后，道光皇帝让琦善接替林则徐的钦差大臣一职。这时琦善丑陋的嘴脸完全暴露出来了，他勾结洋人，卖国求荣，严重损害了民族利益。

多少英雄豪杰不是死在战场上，而是死在小人的谗言之下。多少企业不是毁在对手的手下，而是毁在领导者手里，毁在小人的嘴上。上面的例子很好地说明一点，如果领导者轻信下属的小报告，草率地做出处理决定，那么就很可能被小人牵着鼻子走，最后导致公司的利益受损，甚至直接导致公司倒闭。

为什么这么说呢？因为爱打小报告的人，大多数不是什么好人，这种人要么心胸狭隘、嫉贤妒能，要么虚伪狡诈、两面三刀，要么私欲膨胀、自私自利。因此，对待爱打小报告的下属，你一定要慎重对待，对待下属的小报告，你也要认真分析，细致调查，以免冤枉了好人，让心怀不轨者得逞。

最近几天，生产车间的主任老胡在工作期间，在休息区多抽了几次烟，这一情况被下属大伟看见了。大伟借向总经理请教工作为由，敲开了总经理办公室的门。他除了请教工作，还特意"关照"了老胡，他对总经理说："老胡最近不知怎么了，时不时去车间的休息区抽烟，搞得烟雾缭绕，多影响大家的工作啊，而且抽烟对身体多不好啊！"

总经理听了大伟的话，平静地说："嗯，知道了，谢谢你反映这一情况，我会跟他沟通的。谢谢你关心大家的工作，关心老胡的身体。如果没有别的事情，你就去工作吧。"

总经理很清楚，老胡最近多抽了几支烟是有原因的，他的老婆下岗了，孩子又生病了，而工作又在赶进度，他的压力很大，多抽几支烟也是人之常情，没必要大惊小怪。不过，他还是找到了老胡，关切地问他家里的情况，安慰他不要太担心，同时也提醒他尽量少抽烟，身体要紧。

面对员工大伟的小报告，总经理的处理相当漂亮，他既没有批评大伟，也没有批评老胡。相反，他表扬了大伟关心大家的工作，关心老胡的身体，又对老胡表达了关切。这种做法不仅让小报告无处存活，又让员工感受到领导的人性化关怀，真可谓一举两得。

在很多公司里，爱打小报告的人都是存在的，这种现象十分正常。作为企业管理者，你丝毫没必要因下属的小报告内容而小题大做，也没必要因下属打小报告的行为而惴惴不安。你要做的就是冷静倾听下属的小报告，理智地分析他的小报告，若有必要，可以暗中调查了解小报告内容的虚实，尽量客观公正地处理这类问题。

在对待下属的小报告时，有些管理者采取"充耳不闻"的做法，他们会对下属说："对不起，我不听小报告。如果你没别的事情，请去工作。"这种处理方式很容易伤害下属的自尊心，尤其是如果这位下属的小报告内容属实，那么管理者就失去了一次了解事情真相的机会；有些管理者采取偏听偏信的做法，他们听风就是雨，下属跟他说什么他就信什么，最后很可能伤害了无辜的下属。

客观地说，这两种处理方式都有些绝对化，都是不明智的处理方法。最好的办法是慎重对待，既要认真倾听下属的小报告，又要理智分析下属的小报告。要做到"既不冤枉一个好人，也不饶恕一个坏人"。这样才能把小报告的负面影响转化为积极的作用，让它真正为管理者所用。

另外，对于爱打小报告的下属，你要做的是引导为主。首先，你要搞清楚下属打小报告的动机，对症下药。有些下属喜欢背地里打小报告，是为了派系之间的争斗，有的下属只是随口一说，没有深层次的目的。对于下属不同的动机，你要有所区别地对待。其次，对于越级在你面前打小报告的下属，你既要给下属反映情况的机会，又要明确告诉下属："反映情况有正常的消息渠道，越级打报告是不值得提倡的。"

还有一种情况管理者们不得不重视，那就是有些下属绕过你，越级向上打你的小报告。这种情况相比于下属在你面前打同事的小报告，会让你变得非常不淡定，因为下属的矛头直接指向你，其行为明显对你不利。对于这种情况，你该如何处理呢？

对于下属背地里打你的小报告的行为，你可以表面上假装不知情，但实际上却在搜集下属心怀不轨的证据，并尽可能让自己的行为光明磊落。对于下属在上司面前打小报告的内容，如果有可取的地方，你一定要积极改正。例如，有位管理者去上司办公室汇报工作时，在门口听见下属打他的小报告："刘主管这人还是不错的，就是工作太粗心了，业务也不精……"，如果下属所言极是，那就赶紧去提升自己吧，如果下属的话明显是恶意中伤，那你不妨直接推开办公室的门，要敢于揭底。

06

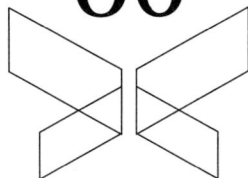

用激励
让你的员工"跑"起来

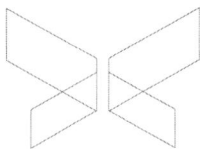

　　心理学家指出，每个人的潜能都是无限的，但大多数人的潜能只发挥出很少的一部分。怎样才能让隐藏的潜能得以发挥呢？最有效的方法是激励。激励的方式有很多，表扬激励法、批评激励法、榜样激励法、薪酬激励法、赏识激励法等等。企业管理者如果能正确地运用这些激励手法，那么即便你带领的是一群庸才，你也能把他们变成干将。

1 领导的欣赏是员工进步的最大动力

我们常说："士为知己者死，女为悦己者容。"其实，这句话出自《战国策·赵策一》，里面有这样一个故事：

战国时期著名的四大刺客之一豫让，最初投奔过范氏和中行氏，但一直默默无闻，难以成名。后来，他跻身于智伯臣下，得到了智伯的充分信任和赏识，主臣关系十分亲密。正当他境遇越来越好时，智伯却不幸在攻打赵襄子时被赵襄子和韩、魏合谋而杀。智伯死后，他们3家瓜分了智伯的属地。豫让虽然逃走，但由于思念智伯对他的知遇之恩，发誓要为智伯报仇，于是他决定行刺赵襄子。

豫让改名换姓，潜入赵襄子后宫，但是行刺失败，被赵襄子抓住了。在受审时，豫让坦白了刺杀赵襄子的原因。赵襄子听后十分感动，决定宽容他一次。然而，被释放后的豫让不甘心，他伤身毁容，不修边幅，目的是不让别人认出自己，以便再次刺杀赵襄子。然而，第二次刺杀又以失败告终。

赵襄子十分不解地问豫让："你也曾侍奉过范氏、中行氏，为什么智伯灭了他们，你不替他们报仇，反而屈节投靠智伯。而智伯死后，你却如此替他报仇？"

豫让说："范、中行氏只把我当普通人看待，我就用普通人的态度报答他们；但是智伯把我当成国士看待，所以我就用国士的态度报答他。"

最后，豫让请求赵襄子把华服脱下来，让他用剑刺下去，以示为智伯报了仇。赵襄子答应了他这个道义上的要求，豫让刺破赵襄子的华服之后，仰天大笑起来，最后他横剑自刎。

哲人詹姆士曾经说过："人类本质中最殷切的要求是渴望被肯定。"同样，美国心理学家马斯洛的需求层级理论也表明，渴望被人肯定是人类的一种高级需求，而赏识的过程正是肯定一个人的表现。豫让屡次冒着生命危险，不惜一切代价为死去的智伯报仇，原因是智伯生前十分信任和欣赏他。由此可见，欣赏可以让人产生巨大的动力，哪怕在死亡面前，也毫不畏惧。

企业管理者一定要认识到赏识对员工的巨大激励性。赏识是一种肯定，是一种关爱，是在发现员工身上的优点之后，给予真诚的认可。没有人不喜欢被赏识，员工得到领导者的赏识之后，往往会充满自信和干劲，从而竭尽全力地为公司做贡献。善于赏识员工是领导者管理智慧的体现，领导者的赏识是员工进步的最大动力，也是员工尽职尽忠为企业奉献的最大动力。

报业大亨默多克曾创办了《澳大利亚人报》，这份报纸被称为"正派的报纸"，为他赢得了很多荣誉。然而，这份报纸连续数十年处于亏损状态，默多克为此十分苦恼。就在他踌躇之际，他发现了马克斯·牛顿。

马克斯·牛顿是何许人也？此人在1969年被指控为日本的间谍，被澳大利亚联邦警察搜查。在被证明是清白的之后，他开办了一份矿业报纸，还买下了一份地方小报，名叫《每日商业和运输新闻》，之后又在墨尔本创办了《星期日观察家报》，开始了报业生涯。

尽管他经营下的《星期日观察家报》取得了不错的成绩，但由于婚姻失败，他变得堕落起来。他开始不务正业，很长一段时间，把自己搞得非常狼狈。很多人认为他的一生就这样毁了，他自己也承认："我的世界末日到了，我一无所有。"

然而，1979年他的命运发生了改变，因为默多克看过他一系列关于政治和经济的分析文章，对他十分赏识，并请他吃饭。当时的默多克，已经是十分有名的大人物。牛顿受宠若惊，简直不敢相信这是真的。

默多克对牛顿说："你现在的政治观点很适合在报纸上做专栏评论。"牛顿的观点是什么呢？他认为只有彻底的自由市场才能使世界变得安全和繁荣。后来，在默多克的重用下，牛顿在经济学方面和《纽约邮报》办报方向性的问题上担当顾问。再后来，牛顿担任《纽约邮报》的首席商业专栏作家。他所写的评论使《纽约邮报》在华尔街获得一席之地，他的专栏文章在默多克的商业帝国内，被多家报纸同时发表。

对于默多克的赏识和重用，牛顿一直都怀着感激之情，他说："是默多克把我从颓废麻木中拯救了出来，我会永远追随我的老板，继续为他效力。"

默多克对牛顿的用人策略是成功的，通过欣赏和重用，他让一个堕落的人才，变成报业一颗璀璨的星星。这就是赏识的魔力所在，他可以彻底改变一个人，哪怕那个人曾经是一个自暴自弃的人。只要你懂得用心赏识他，他就会用自己的行动回报你。

赏识可以让团队成员变得更为积极。在赏识的作用下，员工的自信心与责任心能被有效地激发出来。同时，赏识可以促使员工积极地挖掘自身的潜力，不断激发各种能力，最终成为高效的员工，为企业的发展贡献更大的能量。

赏识可以让落后的员工不断进步。赏识管理提倡鼓励与支持，当员工做错了一些事情时，管理者不是批评他，而是鼓励他，引导他寻找失败的原因，这样可以保护员工的自信心和自尊心，促使他不断超越自我，超越其他同事。

赏识可以使公司内部形成良性的竞争风气。赏识是通过发现员工身上的优点，并且放大优点，可以促使员工与自己过去的表现作比较，不断超越自我，不断改进自我。这样一来，就不容易形成内部恶性竞争，避免产生内耗。

赏识可以得到员工卓越的回报。当一个员工在领导者的赏识下工作时，每获得一些成就，都会因领导者的赏识而放大成就感，最后转化为一种"我要做得更好来回报领导"的动力。在这种情况下，当员工表现不佳时，他们往往会加倍地努力。

2　投桃报李，不要忽略对下属的感情投资

有些企业领导者认为，谈什么感情啊，情感啊，这些都是看不见、摸不着的东西，都是一些小儿科，不值得花费时间和精力。有些管理者则认为，感情投资是虚幻的东西，投入没有切实的回报，没有立竿见影的效果。如果你也有这样的认识，那么是你该改变观念的时候了。

感情投资虽然是无形的，虽然看不见，摸不着，但是却能感受得到。感情投资也许不能获得立竿见影的效果，但是它能对员工产生潜移默化的影响，随着时间推移，随着你感情投资越多，员工会加倍地回报你，这种回报表现为信服你、认同你、敬重你、支持你，乐意听从你的工作安排，愿意遵守公司的规章制度，积极工作，为公司创造效益。这样一来，你所得到的回报将是不可估量的。

身为企业管理者，重视对员工进行感情投资，往往能收到巨大的回报。首先，通过感情投资，可以让员工感受到关怀，使员工在内心深处对领导者心存感激，认为领导者对自己有知遇之恩，从而激发出强大的潜在能力，使他们对工作

产生强烈的使命感和奉献精神。其次，通过感情投资，可以使员工产生归属感和忠诚心，这是员工愿意充分发挥自己才能的源动力。再者，通过感情投资，可以有效地激发员工的开拓意识和创新精神，使他们鼓足勇气，勇往直前。员工创新对企业来说，是赢得市场竞争，获得商业利润的重要途径。

感情投资，投资的是感情，也能收到感情，而感情是领导者与员工之间的心灵桥梁。在人际交往中，感情是不可缺少的因素，是相互信任、相互支持的润滑剂。聪明的领导者都注重感情投资，而且注重长期的感情投资，他们深知这对企业长远发展有不可估量的作用。日本麦当劳的社长藤田田认为，在所有投资中，感情投资花费最少，回报率最高。

藤田田是日本麦当劳汉堡庄的创始人和经营者，他曾经说过："记住这一句话：'日本麦当劳成功的信条是，为员工多花一点钱'绝对值得。"在他看来，勤劳的员工是公司的财富，公司绝对不能对员工吝啬。每一年，公司花在员工身上的金钱多达 1000 万日元，他说这笔钱绝对不是浪费。

这 1000 万日元用于保障员工及其家属的健康，支付给东京获洼卫生医院和警察医院，作为保留病床的基金。如果员工或他们的家属生病或发生意外，那么可以立即进入这两所医院进行治疗或动手术，即使周末有人得了急病，也可以及时送入指定的医院接受治疗，这样可以避免中途多次转院造成救治不及时而丧命。

有一两年，麦当劳的员工不曾因病住院，对于这两年投入的 2000 万日元，有人曾问藤田田是否浪费，得到的回答是："只要能让员工安心工作，对麦当劳来说就不吃亏。"通过这种感情投资和人性化关怀，藤田田换来了员工积极地工作，继而产生了巨大的创造力，为公司创造了任何投资都无法比拟的效益。

感情投资就像一张存折，你往里面存储感情，你就能获得员工的回报。你存储的是无形的感情，所获得的却是实实在在的企业利润。因此，不要吝啬感情投资，感情投资不花一分钱，却能获得源源不断的产出，这是一本万利的投资，学会感情投资，你的管理成本将减少很多。

感情投资不是虚拟的，而是真情实感的流露，是真心为员工着想。对于感情投资，领导者必须有一个正确的认识，那就是应该自觉地、一贯地践行，而不能只做表面文章，或只有 3 分钟的热度。所谓"以情动人，贵在恒久"，又所谓"路遥知马力，日久见人心"，要想感情投资结出丰硕的果实，你就必须在感情投资时坚持"放长线"的原则。

你要牢记"人非草木，孰能无情"，你更要坚信"精诚所至，金石为开"，在你的感情投资之下，员工一定会被你感染，从而对你充满敬意和佩服，并心甘情愿地追随你、服从你，这样你的管理将会变得十分简单，你在管理上投入的时间、精力以及金钱，都会大大减少。与此同时，公司所获得的利益，将是源源不断的。

3　别忘了，员工多数时候需要以薪换心

得人才者得天下，但得到了人才，不意味着能长久地留住人才。说到留人才，我们就不得不提一个字——钱。中国有句俗话说"有钱能使鬼推磨"，尽管这句话有些俏皮，但它却能从某种程度上反映出钱对人们生活的重要性。所以，要想员工帮你创造效益、赚取利润，企业必须拿出真正的诚意，只有用"薪"才有可能换来员工的心。

不要觉得这个观点太过现实，因为社会就是这般现实的。生活需要成本，大到买房、买车、结婚、生子、赡养父母等，小到柴米油盐酱醋茶、日用生活品等，哪一样不需要钱？每个员工上班的首要目的就是赚钱，这种心理相信每个老板都能理解。如果企业无法满足员工较为合理的薪水要求，那么越是优秀的员工离开得越快。

在马斯洛需求层次理论中，物质需求处在最底层。因此，留人首先要满足员工的薪水要求，其次，才是用心留人，用企业文化留人。如果企业无法满足员工物质方面的要求，即使公司文化再优秀，公司的环境再和谐，也无法留住员工们那颗迫于现实需要、不得不追求物欲的心。

2011 年，从东部沿海地区到中西部地区，"用工荒"的现象愈演愈烈，许多企业陷入招工难的困境。然而，红豆集团得益于独特的文化战略和运营战略，以不变应万变，成功

绕过了"用工荒"的障碍，继续保持着效益高速增长的发展势头。

红豆集团到底靠什么吸引人才、留住人才呢？对此，我们可以从红豆集团的总裁周海江常说的一句话中找到答案："要让每一位员工分享到企业发展的成果。"周海江认为，员工是企业发展的根本，只有不断提高员工的收入，员工才会充满干劲，企业才会充满活力。

2010 年，红豆集团已经两次上调员工的工资。在同年 12 月 20 日，红豆员工又收到公司"涨工资"的信息。在这一年里，红豆集团的员工工资平均涨幅高达 49.6%，最高达到 64%。而在 2011 年春节后，红豆管理层多次召开会议，讨论如何进一步提高一线员工的待遇，激发他们的工作积极性。随后，公司下发《关于熟练工年收入超 4 万元的规定》，文中指出：企业生产一线熟练工（学徒工、辅助工除外）年收入必须达到 4 万元以上。

在涨薪的同时，红豆集团还给员工股权，这是让员工分享企业发展成果的又一举措。目前，公司有 600 多名员工拥有集团的股权，这在全国民营企业中实属罕见，这一举措进一步激发了员工的干劲，增强了员工的归属感。

薪水是基础，当企业给予员工的薪水能够保障员工生活之后，再营造归属感，双管齐下，才能收服人心。在上面的案例中，我们看到了红豆集团在赢得员工之心方面表现出的诚意。在这种诚意的感化下，员工怎么会不卖力地工作呢？

与红豆集团的做法相同，美国著名的软件分析公司 Sas 公司，也十分重视提高员工的薪水。这种举措使得公司的人才流失率保持在4%的水平。要知道，这在软件市场劳动力紧缺的情况下，在同行企业人才平均流动率高达20%的行业背景下，4%的人才流动率称得上是个奇迹。

有人问 Sas 公司的员工："为什么公司的人员流动率那么低？"员工是这样回答的："我们在这里享受到了独特的奖金，在工作中，公司为我们提供了先进的设备；在承担的项目中，我们可以享受很多有吸引力的奖金政策；在与同事共事时，大家相互配合，相处愉快……"

靠着物质奖励和精神奖励，Sas 公司在人才的积极付出下，保持高速发展。Sas 公司的总裁表示，员工们的积极性很高，大家都有自主的工作意识，甚至很多员工还有忘我的工作精神，这让公司十分欣慰。

诚然，没有一家公司是完美无缺的，但是公司若想留住人才，必须摸清员工的想法，知道员工最需要什么。在这个物质生活成本居高不下的时代，员工最大的渴望莫过于多赚一些钱，让自己和家人过上好的生活。因此，企业最应该做的，就是想方设法地满足员工的薪水要求，用"薪"换员工的"心"。

要记住一句话：重赏之下，必有勇夫。如今，领导者带领团队，发展企业，与当年将领带领士兵攻城拔寨，其实本质上是一个道理，那就是要学会激励人，才能得到人才的辅佐，团队才能打下江山。如果你舍不得下本留人才，企业就不可能有美好的未来。

4 一个响亮的头衔会让他把工作干得更好

身在职场，每个人会对职业荣誉感有不同程度的渴求。所谓职业荣誉感，就是一个人在自己的执业范围内做好自己分内的事情，之后受到公司的某种认可、尊敬和表扬所获得的荣耀感。对员工来说，最高的评价和最能打动他们的荣誉感，莫过于给他们一个响亮的头衔。一个响亮的头衔，就如同一个漂亮的顶戴花翎，会让员工变得熠熠生辉。

试想一下，你叫员工"小张"和叫员工"张经理"，这两种称呼给员工的感觉有什么差别？员工喜欢哪个称呼呢？答案不言自明。你也许会说："公司哪有那么多经理啊？"公司当然不需要那么多经理，但你可以通过职位设定，给每个职位拟定一个响亮的头衔，即便这个职位实质上并不像他的头衔那么富有实权，员工也会因为你给了他一个响亮的头衔，而变得精神抖擞、斗志昂扬。

陈先生年轻的时候就在外打工，后来开了间书店当起老板，每天顾客进门时就喊："老板，这本书咋卖呀？"听到这个称呼，他心里别提有多美……再后来，市场不景气，陈先生的书店关门了。好朋友开了一家公司，叫他去打工，尽管给的工资不低，但是陈先生就是不愿意去。后来，好朋友给了陈先生一个响亮的头衔——副总经理，陈先生这才兴致勃勃地加盟了朋友的公司。

人人都热衷于竞争，人人都希望有一个响亮的头衔，你说他有强烈的进取心也好，你说他虚荣心强、死要面子也罢，这都是人的正常心理需求。而且越是自我价值认同需求高的人，越是看重头衔。

同样的职位，同样的工作内容，换个职称也许就不一样了。比如，把"文员"换成"经理助理"，给人的感觉就好了很多。全世界的人都知道，助理很有可能晋升为经理或总监，而文员只是一个处理文书工作和琐碎事务的不起眼的角色。

换位思考一下，如果你是经理，你干起活来肯定比普通打工仔卖力。如果一个公司有很多员工，每个员工的职称都叫普通职员，那么大家的工作热情是不是会减少一些呢？所以，管理者一定要认识到员工微妙的心理，给员工一个响亮的头衔，瞬间笼络人心。尤其是对含蓄的中国人而言，直截了当的口头赞扬不是随时随地都发生的事情。因此，需要一些场合、形式和媒介来实现。

美国 IBM 公司有一个"百分之百俱乐部"，这个俱乐部不是每个员工都能加入的，只有当员工完成了其年度任务，他才有资格被批准为该俱乐部会员，他将和自己的家人被邀请参加隆重的聚会。正因为"百分百俱乐部"是个很响亮的头衔，公司的很多雇员才会将此视为奋斗的目标，以获得那份高尚的荣耀。

在日本电气公司也重视给员工响亮的头衔，他们取消了"代部长、代理"和"准"等一般普遍管理职务中的辅助头衔，继而创造了"项目专任部长"和"产品经理"等与业务内容相关、可以灵活修改的头衔。

当你发现某个员工重视头衔时，在不违反公司管理原则的前提下，你不妨给员工一个恰如其分、高端大气上档次的头衔。正如一家著名跨国技术公司亚太区的 CEO 所说："如果中国销售经理希望在名片上印'大中华区商业拓展总监'，我觉得这没问题，如果这是他继续留在公司、达到销售目标的条件的话。"

当然了，给员工响亮的头衔没有什么，但最好要让这个头衔与他的权责利统一起来。你赋予员工的头衔是纸帽子，还是真实的桂冠，对员工的激励效果是大不同的。有的头衔还要附以相应的责任，否则，员工会觉得自己被架空了，头衔是有名无实的，这样的头衔就失去了意义。尤其对于事业心重、自我价值认同度高、社会认同感强的员工，徒有虚名的头衔无疑会让人很受伤，所以，管理者一定要避免这种情况发生。

要让员工看到自己晋升的阶梯，每个人都可以在组织中看到自己的成长路径，只要努力就总有"更上一层楼"的机会和阶梯。有许多公司的做法是重视技术头衔，只要技术能力到达一定的水平，甚至要比级别高的管理者获得更多薪酬、待遇上的肯定，一样会赢得更多的尊重。

为了更好地激励员工努力工作，管理者不妨多鼓励员工去获得头衔，把头衔变成组织激励员工的手段，也让员工将此视为自我肯定的好方式。另外，关于头衔也可以明确等级，让员工在一步步努力之后，不断获得更加响亮的头衔，从而获得更多的权利和发展空间。

5　用股份制、分红与年终奖留住核心人才

20 世纪 50 年代，凯尔索公司首次提出了利益捆绑的"员工股份制"。很快，这样的商业模式就风靡整个美国。很多人对此十分疑惑：员工享有股份，真的能解决公司效率的问题吗？

事实上，股份制是一种极为有效的保障措施。凯尔索公司首次将这一与员工分享发展成果的计划付诸实施，并成功地将公司 72% 的股权，分量分批地发给那些愿意为公司努力工作的员工。经过长达 8 年的时间，凯尔索终于完成了股权从管理层向普通职工转移的过程，这一举动在美国的企业管理界引起轩然大波，并赢得了很多人的赞扬和支持。

截至 1975 年，从民意测验专家哈特的调查数据可以发现：有超过 66% 的美国人对"员工拥有公司大部分股份"表示支持和赞成。1978 年，哈里斯的民意测验也得出了类似的结果：有 64% 的美国职员认为，如果公司能让自己分享企

业发展利润，那么自己的工作效率肯定会有所提高。

如今员工股份制已经从最初的诞生地美国，逐渐被全球各地的管理者们所借鉴运用。实事求是地说，这种制度在企业的最大限度内给予员工最为可靠的保障，再加上具有竞争力的高工资，没有哪个员工不会充满工作干劲。

除了股份制这一科学合理的模式，分红和年终奖也成为许多中小公司竞相效仿的激励方式。上世纪 90 年代，上海的一家纺织厂为了调动员工们的工作积极性，提高整体的工作效益，制定了一个具体的奖励办法：超额完成正常工作任务 20％ 的员工将在年终获得奖金 1 万元；超额 40％ 及以上则可获得奖金 2 万元；为企业做出重大贡献的员工，经过董事会集体商议，可获得 3％～10％ 的原始股份；员工对所持股份有自主支配权，更可以凭此分到部分的红利。很快，该厂就摆脱了巨大的经济压力，在未来几年里迎来了发展的高峰。

古语说："天下熙熙，皆为利来；天下攘攘，皆为利往。"千百年来，商人们的形象就是"无利不起早"，老板们要赚钱，员工们也要赚钱。作为公司的经营者，一定要明白这一点，懂得通过与人分享利益来激励别人，使别人心甘情愿为其效劳、与其合作。

李嘉诚曾将自己的用人之道，总结成这样几个字："以诚感人者，人亦以诚应之。"李嘉诚认为：只有真诚地善待下属，将股份制、分红的好处让渡于员工，与下属分享利益，才能赢得他们的忠心辅佐。在他的企业内，人才济济，新人辈出，而且跳槽率很低。说到李嘉诚欣赏人才、真诚待人，就不得不提到马世民。

当年，英国人马世民的才能深得李嘉诚的赏识，为了让马世民心甘情愿地辅佐自己，李嘉诚不惜买下马世民的整个公司，给了马世民 10% 的股份。为了增强马世民及其公司下属对集团的归属感，李嘉诚又给他们最低的优惠价格，让他们购买长江实业集团的股票。结果，马世民在和黄的年薪及分红有 1000 万港元。这个数额相当于前港督彭定康年薪的 4 倍多。此外，马世民还有非经常性的收入，这是难以计算的。

虽然后来马世民离开了和记黄埔，但李嘉诚给他低价购买长实股票的机会，让他获得丰厚的利润。李嘉诚曾经不无欣慰地说："在我的公司，职员都能忠诚地为公司服务，我自己也经常会考虑他们的处境，并利用薪资激励的方式帮助他们。"可见李嘉诚多么体恤下属，多么愿意与下属分享利益，这自然也极大地增强了集团的凝聚力。

在任何一家公司，员工都是企业利润的真正创造者，领导纵然可以用威胁、施压的手段迫使下属服从命令，但这很容易引起下属的反抗，他们可能消极怠工，进而降低工作效率，影响整个组织的利益。最高明的办法就是，引入股份制、分红和年终奖的利益驱动机制，通过与员工分享利益，让员工心甘情愿地加班、奋斗，为企业创造更多的利润。

在中国，华为集团就十分重视与员工分享利益。多年以来，华为公司取得了非凡的成绩，都与他们注重与员工分享利益分不开。华为公司的管理者认为，随着员工为公司创造的利润增加，公司应该增加他们的报酬，并以年终奖的形式留住最核心的人才。

企业的效益与员工的收益是相互依存的，企业的利益依靠员工实现，如果企业只把眼光停留在眼前，看不到企业的长远发展，不愿意通过股份制、分红、年终奖的形式与员工分享利益，那么，员工的积极性就难以被调动起来。领导者只有认识到员工的价值，和员工分享利益，才能与员工保持和谐的关系，从而推动企业的持续发展。

在当今的商业环境下，仅仅靠高工资，是很难达到效益共赢的。只有高工资和高保障双管齐下，才能把员工的干劲逼出来，达到效益的最大化。管理者可以依据自身企业的状况，选择适合自己的保障方式和奖励机制，让高保障与高工资并行，下属们自然会充满干劲，为公司的长远发展贡献一份力。

6 把握好激励员工的"生命周期"

激励员工是管理者常做的事，它是通过各种有效的手段，对员工的各种需要予以不同程度的满足或者限制，以激发员工的需要、动机、欲望，从而使员工为了达成某个特定的目标而保持高昂的情绪和积极的精神状态。每一次激励，都是一个"需要→行为→满意"的连锁过程。

身为管理者，在激励员工之前，有必要搞清楚员工的心理需求，根据员工的心理需求去激励，才能事半功倍。比如，当员工做了一件自认为十分漂亮的事情后，你要知道，他是非常渴望得到上司的赞扬和肯定的，这就是他的心理需求。

当然，员工不仅仅是在做了一件漂亮的事情后渴望获得激励，在遭遇挫折时也渴望得到激励。只要每个激励符合这个连锁过程，那么，激励就是卓有成效的。而要想激励符合这个连锁过程，最重要的是把握好激励员工的"生命周期"。

为什么很多员工进公司没多久就辞职了呢？除了觉得待遇不合适，职业没前景之外，还与管理者没有把握好激励员工的"生命周期"有关。一般来说，管理者在激励员工时要把握好四个重要阶段，而这四个阶段组成了员工的职业周期。

第一阶段：学习投入阶段

新员工来到公司的前六个月，他们往往希望获得两个定位，一个是对个人职业生涯发展的定位：我在公司里有发展吗？这份工作我会干多久？这份工作能否锻炼我的能力？另一个定位是：在团队里，公司对我有什么样的期望？团队成员对我有什么要求？公司的文化怎么样？在这一阶段，员工对公司创造的价值有限，这就要求管理者多投入人力、物力和精力去激励和培养新员工。

第二阶段：价值形成阶段

新员工进入公司半年到一年时间内，他们依然有两个最关心的问题，一个是肯定自己在公司中的作用、地位和价值。第二是肯定自己在同事中、行业中的地位。这个时候，管理者对员工最好的激励是多肯定他们的工作业绩，多给员工一些荣誉感。

第三阶段：能力发挥阶段

员工进入公司一年到一年半时间内，在这一阶段，员工能力是否能得到发挥，取决于两个授权。一个授权是公司的战略、目标、策略在实施过程中与员工相关的部分，应授权他对局部的工作进行自主改进。第二个授权是鼓励他对公司的发展战略、管理流程等方面的问题提出建议，这两个授权就是对员工最好的激励。

第四阶段：价值提升阶段

在这个阶段，管理者要做的是对员工进行两个"评估"，第一个评估是看员工是否有一定的管理眼光、积极的工作态度、良好的沟通技巧、成熟的工作方法、良好的人际关系等，第二个评估是看员工的实践能力。如果管理者对员工这两个评估都给予较高的评价，那么不妨告诉员工，这将是对员工最好的激励。即便管理者对员工这两个评估结果不满意，也应该开诚布公地告诉员工，指出员工的努力方向，这对员工也是一种有意义的激励。

事实上，把握激励的四个阶段只是一个笼统的概念，把握激励员工的生命周期，确切地说是把握激励员工的时机。时机是激励的一个重要因素，激励的时机不同，其作用和效果差别很大。用一个形象的比喻来说明，厨师炒菜时，在不同的时机放入味料，菜的味道和质量是大不一样的。超前激励往往会使员工感到无足轻重，迟来的激励又让员工觉得画蛇添足，只有及时的激励才是最有效果的。

　　当员工进入新环境时，往往有一种强烈的新鲜感，加之自尊心的催化作用，这时他们总想干出一些令人拍手称赞的事情来。管理者应理解员工的心理，及时给予他们热情的鼓励，这样就会点燃员工的工作激情，使员工明确努力的方向。

07

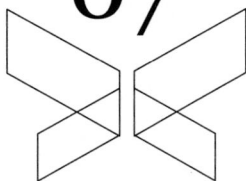

打造一支凝聚力强、战斗力更强的精英团队

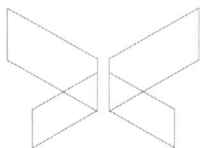

团队打江山，要的是打硬仗，既然是打硬仗，那么团队必须有血性，有强硬的作风。如果一支团队动不动就搞分裂，遇到一点困难就要散伙，遇到了外界的诱惑，比如有人被高薪吸引，就跳槽跑了。那么，这样的团队就难以产生持久的战斗力。作为管理者，你要做的就是像揉面团一样建设团队，把利益、人情、制度等因素揉进去，揉出一个劲道十足、任尔东西南北风也打不垮、冲不散的团队。这样的团队，才叫铁血团队。这样的团队，才能所向披靡，战无不胜。

1 团队精神就是向最优秀的员工看齐

有些人认为，最优秀的团队，一定是由最优秀的成员组成的。真是这样吗？当然不是，反过来，最优秀的成员组成一个团队，也不一定是最优秀的团队。

团队不是"人＋人"的累积，也不是"优秀＋优秀"的累积，而需要凝聚在一起，并真正产生"化学反应"。如果团队没有"化学反应"，那么这支团队打硬仗不可能取胜。

企业发展过程中，需要团队精神。人们常说时势造英雄，其实也是英雄造时势。可是现如今，英雄人物不同于以往的个人英雄，而是需要有团队精神的英雄。否则，即使你个人能力再强，组合在一起，也不一定能创造辉煌。

琼·R·卡扎巴赫在《团队的智慧》一书中，曾这样诠释"团队"一词："团队就是一群拥有互补技能的人，他们为了一个共同的目标而努力，达成目的，并固守相互间的责任。"在团队中，大家各司其职，分工明细，共同协作，这种团队作战的方式比单兵作战的优势要明显得多。

被奉为"经营之神"的松下幸之助早在 1945 年就提出了"全员经营""群智经营"等理念，并号召公司上下要一致发挥勤奋精神，事实证明，这种群策群力的做法比管理层的单打独斗要有效。

松下一直想尽办法帮助全体职员树立团队意识，为此，他不惜花大力气发动每个工人的智能和力量，并建立了提案奖金制度。在松下公司，只要职工可以提出有价值的建设性意见，就可以获得高额奖金。现在，公司每年颁发的这项奖金就超过百万元，其创造的效益也早已超过了所发奖金的13倍。由此也不难看出，这种鼓励员工参加管理的做法是十分明智的，不仅赢得了员工们的忠诚，还节约了管理成本。

为了打造一个坚不可摧的团队，每年正月，松下幸之助都会亲自带领全体职工举行货物送行仪式。全体工人头戴头巾，统一穿着武士上衣，并挥舞着公司的旗帜，一起目送几百辆货车驶出厂区，在这个过程中，每个工人都会情不自禁地生出自豪感，为自己是这一团队的成员而骄傲。

松下幸之助曾坦言："松下的经营，是用全体职工的精神、肉体和资本结合成一体的综合力量进行的。"纵观世界上那些成功的公司，很容易发现，管理者的贡献并不是最高的，绝大部分都是靠团队而不是个人。这也从另一个侧面表明，单打独斗是没有任何出路的，只有依靠团队，才能实现企业的发展目标。

作为企业管理者，一定要充分认识到群体力量的重要性，在经营管理的过程中也要有意识地去体现这一思想，主动打破个人英雄、个人崇拜等管理模式，并借助技巧和奖惩手段实现"全民动员"。

人多智慧多，有事大家商量，就能想出好办法。也许你个人的力量并不出众，你的员工能力也有限，但当你们团结在一起时，大家集思广益，密切配合，往往能产生数倍的能量，攻克你个人无法攻克的目标。值得注意的是，要想真正实现"三个臭皮匠赛过诸葛亮"这一目标，在合作时应该考虑四个问题：

首先，团队成员应该相对比较专业。所谓专业，指的是"内行"，也就是大家要对所从事的事情有经验。俗话说："隔行如隔山。"不专不精的三脚猫再多，团结起来也无法和术业有专攻的专家相比，三个保安加起来怎么也没法和一个会计比算账。因为团队协作不是人数的堆积，而需要专业知识和经验，只有几个相对专业的人组合在一起，才有可能集思广益，产生好的创意。

其次，团队成员之间要有互补性。曾经还只是一个打工仔的尚先生有点子、有创意、有赚钱门路，暂时待业的林先生有资金，两人团结在一起，取长补短，最后走上了成功之路，这就是团结的力量。如果他们不团结在一起，尚先生始终是一个打工仔，虽然有才华，但是无法拥有独立的事业；林先生有资金，但是只是搂着一堆存款，也无法拥有独立的事业。这就是团队合作使人的价值无限增大的最好蓝本。

再次，团队成员之间要平等。"三个臭皮匠"之所以能赛过诸葛亮，是因为他们之间是平等的，没有身份和地位的差别，在商量和合作时，可以各抒己见、毫不避讳，敢于反驳，这样就有利于碰撞出奇思妙想，制定出大家认同的目标和战略，更好地走向成功。

最后，团队成员要有商量。俗话说："一人计短，两人计长。"有事情，好商量，有问题，好沟通，这是三个"臭皮匠"能真正走在一起并密切团结的重要因素。如果彼此商量不到一块儿，沟通不到一起，那么，他们之间不可能产生"化学反应"，也不可能战胜"诸葛亮"。

2　整合员工小目标，成就团队大目标

曾经有人做过这样一个实验：

组织三组人员，让他们沿着公路往前走，去往 10 公里外的庄园。但是三组人员对相关的信息了解程度不一样。

第一组人员不知道庄园的名字，也不知道距自己出发的地方有多远，他们只被告知跟着向导走。第二组人员知道去哪个庄园，也知道有 10 公里远，但是路边没有路程牌，他们只能凭经验判断自己走了多远，距目的地还有多远。第三组人员最幸运，他们知道庄园的名字，也知道那个庄园离出发地有 10 公里远，并且路边有路程牌，只要看指示，就知道自己离庄园有多远。

那么，接下来会出现怎样的状况呢？

第一组人员刚走出两三公里，就有人就开始叫苦，走到一半时，有些人几乎开始愤怒了，他们大声地抱怨：为什么要大家走这么远？什么时候才能走到？有的人甚至坐在路边，用行动表示抗议。最后，人们情绪低落，队伍七零八

落，溃不成军。

第二组人员走了一半，有人开始叫苦。很多人都想知道他们已经走了多远，经验丰富的人说："大概走了一半的路程。"当他们走了四分之三的路程时，大家的情绪开始低落，觉得疲惫不堪。他们感觉前面还有很漫长的路，当有人说"快到了"时，大家又振奋起来。

第三组人员一边走，一边哼着小曲。每看到一个里程碑时，他们就知道自己离目的地近了一段。他们的情绪一直很高涨，当他走了七八公里时，有些人确实感到累了，但是他们没有叫苦，因为他们知道还有两三公里就到了，胜利就在前方，于是他们继续有说有笑地往前走。在快到目的地时，大家居然情绪高涨起来，反而加快了速度。

这个实验告诉我们：当我们的行动有明确的目标，并且目标被划分为多个小目标时，我们就可以不断地把自己的行动与目标进行对照，从而清楚自己所处的位置，还需做怎样的努力。这样，我们就会自觉地克服困难，努力实现目标。

在企业中，管理者是团队的领头羊，主要任务是统一全体成员的意见和行动，并为大家确立目标，提供行动的方向。如果管理者善于制定明确的目标，并把大目标化分为多个小目标，让每个员工都负责完成相应的目标，那么，每个员工都能在目标的激励下，迸发出强烈的工作热情，最终实现团队的大目标。

很多时候，员工之所以感到茫然，感到没有奔头，其实往往是因为没有方向感和目标感。因此，管理者必须给员工提供准确的方向和目标。具体来说，就是把团队的大目标分解为多个小目标，让每个员工都负责相应的小目标，让他们知道该做什么。如果你能做到这一点，那么员工就不会轻易迷茫了。

有些管理者做到了第一步，却忽视了第二步。他们让员工明白团队的大目标，却没有将大目标分解开来。员工只知道公司要做什么，却不知道自己该做什么。这样一来，员工就会被大目标吓到，在执行中就会不由自主地产生畏难情结，最后引发心理学上所说的"目标恐惧症"，继而使人产生中途放弃的念头，这就叫"半途效应"。

关于半途效应，有一个很典型的例子：

1952年7月4日清晨，34岁的塞罗·温克从加利福尼亚海岸以西21英里的卡塔林纳岛上跳入太平洋，开始向加州海岸游去。如果她成功了，将是第一个游过这个海峡的女人。那天早晨，雾气很大，海水冰冷，冻得塞罗全身发麻。在游了15个小时之后，她已经筋疲力尽，于是产生了放弃的念头。

随行人员叫她不要放弃，说离加州海岸很近了，但是她放眼望去，除了看到浓雾，什么也看不到。于是，她还是放弃了。当人们把她拉上船时，行驶没多久，就到达了加州海岸。原来，当时她上船的地方离加州海岸只有半英里。事后塞罗十分懊悔，她说："说实在的，我不是为自己找借口，如果当时我看见陆地，也许我能坚持下来。"

两个月后，塞罗再次横渡这个海峡。与上次不同，她把整个距离划分为8个小分段，设置标志物，每到一个标志物，她就知道自己离目标还有多远，最后，她顺利地到达了目的地，并且这个成绩比男子的记录还快了大约两小时。

从这案例中，我们可以发现，将大目标划分成小目标，所产生的激励作用有多大。

在企业管理中，管理者的职责就是确定目标、划分目标、分派任务，与其让一帮员工完成一个宏大的目标，不如把宏大的目标划分开，让每个员工负责一个目标。分解大目标的意义就是在告诉员工："你完全有能力完成这个目标。""胜任"是对员工最好的激励，或者说激励的本质在于让员工感到自己能够胜任。这才是完美的激励，这样的管理者才是高明的激励大师，而不是口若悬河的鼓动家。

松下幸之助有一条重要的经营策略，那就是不断提出新的发展目标，让员工有目标感，他经常找员工畅谈对未来的设想，并由此制定具体的目标。1955 年，他宣布了自己第一个五年计划：计划用 5 年的时间，把松下电器公司从一个效益为 220 亿日元的公司，发展成一个效益为 800 亿日元的公司。

同时，他将这个大目标划分到每一年，即为了实现这个目标，全体成员每一年要达成怎样的目标。之后，再把每一年的目标落实到每个员工身上，让每个员工肩负起自己的责任。他还承诺，如果能实现这个目标，那么大家将享受到与西方发达国家相同的薪资待遇。

5 年之后，松下先生的"五年计划"实现了，他对员工的薪资承诺也兑现了。从此，员工士气大振，大家与松下先生一起，筑起了松下电器的王国。

在一个具有超强目标感的管理者的带领下，员工工作的动力就很容易被激发出来。反之，如果管理者是一个没有规划、没有目标感的人，大家都在混沌中工作，那么员工的情绪就会一落千丈，团队就会变成一盘散沙。

阿里巴巴公司的创始人马云曾经说过："不要让你的员工为你干活，而让我们的员工为我们的目标干活，共同努力，团结在一个共同的目标下面，要比团结在一个企业家周围容易得多。所以，首先要说服大家认同共同的理想，而不是让大家来为你干活。"很显然，松下幸之助就是这么做的。

3　加强内部信任，建立团队归属感

心理学研究表明，每个人都害怕孤独和寂寞，每个人都希望自己属于某个团队或群体，比如，有家庭、有工作单位，这样可以获得温暖，得到关爱，从而消除孤独感和寂寞感，获得安全感。美国著名心理学家马斯洛在1943年提出了著名的"需要层次理论"，他认为，"归属和爱的需要"是人最重要的心理需求，只有满足了这一需求，人才可能实现自我。

近年来，心理学家对归属感进行了大量的研究之后，发现，人在缺乏归属感的时候，对所从事的工作会缺乏激情和责任感。这就告诉企业管理者，如果想让员工充满激情，充满责任感，一定要想办法培养员工对公司的归属感。只有当员工对企业充满归属感，全体员工才能紧紧团结起来，企业才能充满凝聚力和竞争力。

美国国家罐头食品有限公司是世界第三大罐头食品有限公司，公司的总裁弗兰克·康塞汀是一位深受员工信任和敬重的领导。弗兰克·康塞汀之所以深得民心，关键在于他懂得给员工认可感、满足感，并以此培养员工的归属感，他认为这比单纯给员工报酬好得多。

当公司在俄克拉荷马的分厂发出招聘信息，打算招聘100名员工时，短短几天内，他们居然收到了2000份应聘简历。这个公司之所以充满吸引力，就在于公司重视培养"以公司为家"的企业文化，由此培育出员工的归属感。也难怪，公司充满了家庭气息，有郊外野餐，还有抒情音乐陪伴员工工作。

当公司在亚利桑那州的菲尼克斯工厂取得了卓著的成绩后，公司搭起了一个露天马戏场，让员工在工作之余，尽情地玩乐。在马戏场建起的那天，94名工人一天生产了100万个罐头。也就是那一天，马戏团成了欢乐的海洋。而3年之后，工人们每天生产的罐头产量接近200万个。

随着公司不断壮大，康塞汀非常高兴，也非常难过，因为他没有充分的时间与每个员工交谈，这意味着他不能亲自激励员工。于是，他把管理人员招来，对他们说："管理人员的工作就是把员工们放在适合的岗位上。如果你把适当的人安排在适当的岗位上，他们就会得到心理上的满足，这种满足是他们在所不能胜任的更高一点的职位上得不到的。"

当一些管理人员表示工作太忙了，没有时间考虑员工的想法时，康塞汀告诉他们："你们错了，我们对人的关注花费并不大，而利润却在员工的忠诚和高度信心下自然而然地增长。你们的任务之一就是把人性的优点运用到同员工打交道的日常事务中去。"

康塞汀经常说："我们公司也许不会成为同行业中最大的一家公司，但是只要我们一如既往地对待员工、顾客和供应者，那就已经足够了。"正是因为通过这种以人为中心的管理方式，这家公司才能传承到今天。

康塞汀的继任者是罗伯特·斯图尔特，他上任之后，加强了深入公司基层，每年都会去各个工厂一次，并和每个员工进行一次交谈。公司的执勤人员半夜里经常能看到一个人的身影，那个人就是罗伯特·斯图尔特，他是来和上晚班的员工交谈的……

企业文化是员工在企业的精神食粮，它能影响员工的思想，影响员工的行为，并使员工尽可能向企业目标靠拢。在马斯洛的"需求层次"理论中，自我实现是人的最高需求。当员工的这种需求得到满足之后，那么员工将获得无限的激励，并会对企业产生强烈的荣誉感和归属感，员工会为自己是企业的一员感到自豪，并且觉得为企业的发展而服务是一种快乐。

那么，具体来说，怎样才能培养起员工的归属感呢？

（1）员工归属感首先来源于待遇

员工进入企业，为的是赚钱，这是个很现实的问题。因此，待遇能否满足员工的需求，是基本的前提。如果员工拿着一丁点工资，整天吃不饱、穿不暖，你还指望他把公司当做自己的家，把工作当成自己的事业吗？不可能。所以，给员工提供较为满意的待遇，是培养员工归属感的第一步。

所谓待遇，主要表现在工资和福利上。当然了，站在企业的角度，不可能给每个员工都满意的待遇，因此，要坚持一个原则——人尽其才，不要让人力变成包袱。这就是说，公司要结合自己的实际情况，最大限度地满足员工的职位需求和待遇要求。在两者之间，寻求一个最好的平衡点，这样才能留住人才。

（2）建立公平、平等的企业文化

公平是效率的保证，只有在公平的环境下，员工才能最大限度地感受到自己的价值。而且，公平、平等的企业文化，意味着员工可以自由地发表意见，为公司的战略决策出谋划策。也意味着每个员工的才能都应被肯定，每个员工的突出表现都应被奖赏。只有这样，才能最大限度地激发员工的归属感。

（3）树立良好的企业形象

良好的企业形象是企业巨大的"无形财富"，有助于激发员工对企业的归属感。良好的企业形象不仅可以赢得公众的信任，影响消费者购买产品，更能对优秀的人才产生巨大的吸引力。另外，良好的企业形象有助于建立优秀的企业文化，形成良好的道德风尚，对培养员工爱岗敬业、爱厂如家的精神也非常有帮助。

在塑造企业形象时，不能仅仅靠广告、报纸和公关等媒体的宣传，也不仅仅靠优质产品的代言，而要发动全体员工为企业做形象代言人，使全体员工都参与进来。为此，企业应该重视把员工的理想、信念、利益、价值、需求与企业的整体目标整合在一起，使大家产生共同的行为取向和价值理念，从而把大家凝集起来，从而进一步增强员工的归属感。

4　优化组合，让每个人都能和谐工作

"夫兵，诡道也。专任勇者，则好战生患；专任弱者，则惧心难保。"这句话的意思是，打仗用兵时，如果只用勇敢的人，这些人往往会好战，容易生出祸端；如果只用弱者，这些人往往会胆小怕事、胜利难保。由此说明，用人要注重合理搭配，优化组合，这样才能在总体协调下最大限度地发挥团队的能量，产生良好的组织效应。

任何一个有战斗力的团队、有执行力的组织，更多的是依赖于合理的人才结构。如果人才结构残缺，则会影响团队的运转。即便各个是强者，若不能协调好，就容易产生内耗，而无法产生 1 + 1 > 2 的效果。反之，如果人才组合得当，往往会产生几倍甚至无限大的团队战斗力，在这方面有一个典型的案例。

在《三国演义》中，曹操派张辽、李典、乐进三人守合肥。之后曹操派人送了一个木匣到合肥前线，上面写着："贼来乃发。"当孙权率 10 万大军前来攻打合肥时，张辽、李典、乐进三人打开木匣，里面有一道文书："若孙权至，张、李二将军出战，乐将军守城。"

面对孙权来犯，张辽坚决执行曹操以攻为守的命令，率先做出行动，表示要和敌人决一死战。李典素来与张辽不和，起初对张辽的建议没有回应，但之后被张辽的行为感

动，当即表示愿意听从指挥。

张辽表现出广阔的胸怀和豪爽的气概；李典表现出公而忘私、勇于摒弃前嫌，豪迈直率的性格；乐进是个中间人物，是个老好人，谁也不想得罪，而且有些怯战，所以他坚决守城。就这样，在张辽模范带头下，三人不计前嫌，齐心协力，把孙权军队打得落荒而逃，张辽也由此一战成名。

曹操远在万里之外，为什么要送这个木匣呢？他如此安排，是否脱离实际呢？会不会影响三位将军指挥呢？事实证明，曹操的做法是高明的，他清楚这三人的作战能力、用兵特点、性格修养，也知道他们三人平日有隔阂，料到他们大敌当前，难以做出一致的决策，更无法协同作战。所以，他才会下这样一道命令，目的在于促成张辽、李典、乐进三人性格互补，使他们团结起来，一致对外，达到最大化的整体效应。由此可以看出曹操优化团队组合的高超艺术。

一个团队实力的大小，固然由团队成员的能力决定，但更有赖于团队合理的人才结构。合理的人才结构，不仅可以实现"化零为整"的化学反应，达到众志成城的宏伟景象，更有利于各个成员扬长避短、取长补短，发生质的飞跃，产生一种集体合力。

在现代企业中，需要个人能力强的人才，但这取代不了团队合作的重要性。因此，管理者一定要善于优化团队组合，让每个员工在企业中，都能在适合自己的岗位上工作，同时又能协助同事，与同事保持融洽的合作。这样才能让企业产生凝聚力和战斗力。

俗话说："金无足赤，人无完人。"在这个世界上，十全十美的人是不存在的，一无是处的人也不存在，企业用人的关键在于让每个人发挥自己的优势，让大家最优化地组合在一起，实现团队效益最大化。

有一个寓言故事说得好：瞎子和瘸子在大森林中迷路，无法走出去。后来，他们商量一番，决定合作。瞎子背着瘸子，在瘸子指路之下，终于走出了森林。这就是优化合作创造的奇迹，如果瞎子和瘸子各自为阵，永远都不可能走出森林。

杰克·韦尔奇曾说过："我的工作是为最优秀的职员提供最广阔的机会，同时最合理地分配资金。传达思想，分配资源，然后让开道路。"管理者要做的，就是分配资源、分配任务、优化团队组合，让合适的人做合适的事，让各个成员相互配合，这样团队的战斗力自然就迸发出来了。

那么，在优化团队组合中，管理者应该从哪些方面下手呢？要考虑什么因素呢？

（1）年龄匹配

一个理想的团队应该有各种不同年龄层的成员，青年人、中年人、老年人都应该有，形成一个金字塔形的人才梯队，大家在年龄的匹配上较为和谐。这样一来，老年人的经验、中年人的理智、年轻人的干劲融合在一起，就能促使团队力量实现最大化。

（2）知识匹配

所谓知识匹配，指的是不同专业知识的人才相互结合、相互合作。现代企业的生产经营，离不开知识和技术，激烈的竞争、技术的不断更新换代，都需要以专业知识为基础，而任何一个人都不可能掌握多门科学技术和技能，因此，需要不同专业的人才通力合作。

（3）能力匹配

所谓能力匹配，指的是一个团队应有不同能力的人。有的人能力大，有的人能力小，有的人可以做决策者，有的人是优秀的组织者，有的人是踏实的执行者，有的人是细心的监督者，有的人是及时的反馈者，有的人是冷静的咨询者等等。总之每个人都有各自的特长，大家组合在一起，"八仙过海，各显其能"各自展现自己的才能，为企业的发展而努力。

（4）气质匹配

气质是指人的脾气、性格、秉性等，不同气质的人，适合担任不同的职位，做不同的工作。比如，风度翩翩者适合做企业的公关人员，健谈者适合搞销售、搞外联工作、组织协调工作等等。如果团队内都是性格急躁的成员，那么大家在一起工作时，就容易发生矛盾冲突；如果团队内都是沉默寡言的成员，那么团队就会死气沉沉、没有轻松的氛围。总之，团队成员的气质要相匹配，才能最大化地释放团队的力量。

5　用特殊的方法管理队伍中的"刺头"

被称为"弼马温"的孙悟空调皮捣蛋，很是让人讨厌，但不可否认的是，他有真本事。你看孙悟空跟着唐僧去西天取经，一路上降妖除魔，保驾护航主要靠他。但是，孙悟空不太听话。比如，孙悟空三打白骨精时，唐僧说了不能打，但是他偏要打。这就是典型的"刺儿头"。

在很多公司，也有一些"刺儿头"员工，他们桀骜不驯、狂妄自负，有时候还会兴风作浪，不听管教，让领导们头痛不已。有人认为"刺儿头"员工是害群之马，不利于单位发展。有人则认为，"刺儿头"员工有能力，只要正确运用，就可以让他们发挥正能量。

在所有"刺儿头"员工中，最令领导者们头疼的，恐怕要数恃才傲物型的"刺儿头"，他们不把公司的规章制度放在眼里，公然违反公司的制度。这类员工在能力或经验上，往往具有明显的优势，或手头握有公司的某种稀缺资源，从而在心理上有一种优势。在工作中，他们表现得不服从管理、冷漠、自负、恃才傲物，或不把同事放在眼里，缺乏团队精神。

小许在工作上的突出表现是领导和同事们公认的。每当公司有谈不下来的单子时，只要他出马，总能顺利拿下。虽然有人说他是凭借某些背景才拿下了这些单子，但是在职场中，公司领导看重的是利润，别管你运用什么方法，拿到单子才是硬道理。因此，小许特别受领导器重，领导甚至把小许当成"亲儿子"一样看待。这就让小许变得有恃无恐，他总是不把别人放在眼里，每次开部门会议时，他总是摆出一副不屑一顾的神情，好像在说："不是我瞧不上你们，你们是真不行！"这让其他同事感到非常不舒服。

公司明确规定，在办公室不能抽烟。但是小许哪管这些，想抽就抽，真把把公司当成自己家了。他的办公桌上、电脑键盘上，到处都是烟灰，和其他员工桌面整洁的形象格格不入。有同事提醒他在公司别抽烟，但他却说："关你什么事？我想抽就抽。"

此外，小许上班迟到已经成了习惯，一个月能迟到15次，有一个月，他的全勤奖全部被扣，他居然怒气冲冲地找财务部的领导讨说法。财务部领导说，"你一个月迟到那么多次，按公司的规定，你的全勤奖自然扣光了。"小许却说："谈客户是要费脑细胞的，晚上通宵想方案，早上怎么能起得来？"

公司老板见小许和财务部经理吵得不可开交，居然对财务部经理说："算了算了，把全勤奖给他吧，下不为例。"老板的做法让财务部经理十分不满，这件事传出去之后，全公司的员工都不满。当有人找老板反映时，老板却说："他能力强，为公司做了很多贡献，对于他这些毛病，我们就忍一忍吧！"对于这种说法，员工自然不能接受："凭什么他不遵守公司制度，我们要遵守制度？"老板一急，居然说："谁叫你们没有他那么大的本事呢？"这话把员工气得哑口无言……

小许工作能力突出，但是不遵守公司规章制度，不服从领导管理，这种态度和表现严重激起了公司其他员工的不满。作为公司的最高管理者，老板却对小许一再放纵，对他的行为一忍再忍，这种管理方式实在让人难以苟同。

不可否认，小许的确为公司拉来很多单子，但是身为公司的员工，就应该遵守公司的制度，如果做不到这一点，再优秀的员工也会成为"反面教材"，会影响企业管理成效，影响公司的发展。这就是为什么有人说，"刺儿头"员工是害群之马，因为领导者管不了他们。

"刺儿头"员工不仅有能力、有思想、有才华，他们往往还善于表达自己，当他们认为自己掌握了真理时，就会大声地说出来。从某种程度上来说，这种敢想敢做的行为有助于更好地沟通，对企业发展具有积极的作用。

某公司有个年近 50 岁的老员工，此人不苟言笑，是个不折不扣的"刺儿头"。杨雪是个刚毕业的大学生，她进入这家公司后，上班的第一天，就被这个"刺儿头"扎疼了。

那天，杨雪在办公室复印几份材料，复印完之后，那个"刺儿头"进来了，他拿起复印的材料一看，就开始劈头盖脸地质问："你是哪个部门的？复印材料，还单面复印？年轻人真是浪费！"

杨雪觉得委屈，她想即便自己有错，也不应该被如此指责，对方完全可以有话好好说。正当她准备和"刺儿头"开战时，旁边的一个同事冲她使了使眼色，待刺儿头出门之后，那位同事告诉杨雪："别理他，他是有名的'刺儿头'。"

后来，杨雪算是见识到了这个"刺儿头"的庐山真面目。当公司集体出游，有同事迟到时，"刺儿头"保准会打电话怒骂；当财务延迟一天发工资时，"刺儿头"就会冲进财务办公室，质问钱都到哪里去了；当有员工外出，要求公司派车时，他会骂骂咧咧地说："怎么你的两条腿那么金贵呢？"

这个老员工就像浑身长刺的刺猬，你稍不留神就会被他刺到。不要说是公司的员工，就连公司的领导，有时候都不敢碰他。比如，每到逢年过节，公司会下发一些福利品，只要晚发一天，"刺儿头"就会骂骂咧咧说："公司太没人情味，只让人干活，却不给人发福利品。"如果公司的福利品不尽如人意，他就会满腹牢骚说："真是王小六过年，一年不如一年，竟然在福利上打小算盘。"

杨雪很奇怪，这样的员工，怎么能在公司混下去，而且居然还是办公室主任。后来，同事张姐说了一句话，一下子道破了天机："他啊，只是领导的一枚棋子。"的确，领导把这个"刺儿头"放在办公室主任的位置上，确实是有用意的，因为他这张嘴可以及时制止不良现象，比如迟到现象、浪费现象等。对外，"刺儿头"还可以代表公司极力维护本公司的利益。

在这个案例中，聪明的领导把刺儿头放在了正确的位置上，很好地让"刺儿头"发挥了积极作用，对公司管理、杜绝浪费等起到了很好的作用。这就是领导者的管理智慧。当然，这并不意味着公司的"刺儿头"员工越多越好，要知道，多个刺儿头聚在一个公司，往往容易发生冲突，引起人际关系紧张，不利于创造和谐的人际氛围。

6 有效解决分歧，让队伍完全拧成一股绳

有一幅漫画叫《两驴吃草》，漫画非常有意思，漫画上的情景是这样的：

有两头毛驴被同一根绳子拴在一起，旁边各有一堆草。刚开始时，两只毛驴拼命向离自己近的草堆用力蹬绳子，但由于绳子不够长，两只毛驴都无法吃到身边的草。经过一番较量，它们明白，如果一直这样争执下去，谁都没办法吃到身旁的草，大家都会挨饿。于是，它们放下了争执，采取合作的办法吃草。它们一起走到一边把草吃完，然后又一起走到另一边吃另一堆草。通过这样的合作，它们都填饱了肚子。

这幅漫画让我们看到了合作的力量。虽然一开始，两只毛驴有分歧、有争执、有较量，但经过思考和协商，有效地解决了分歧，使团队产生了合力，最后顺利吃到了草。由此可见，团队有分歧不要紧，重要的是有效地解决分歧，这样才能把团队成员拧成一股绳。

在企业经营管理的过程中，由于人与人有不同的思想、观念、思考问题的方式方法，因此，分歧是处处存在的。有些分歧存在于战略决策上，有些分歧存在于赏罚问题上，有些分歧存在于执行的方式方法上。作为管理者，面对分歧的时候，应该保持冷静的心态和倾听的姿态，多方面了解大家的想法，全方位地思考问题，协调好分歧双方的关系，使大家本着"对事不对人"的原则探讨问题，最后有效地化解分歧，使大家目标、行动保持一致。

在化解团队分歧的过程中，领导者要注意下面几点：

（1）听听双方的观点和意见

古人说："兼听则明，偏信则暗。"当下属之间因为某些问题产生分歧时，管理者应在恰当的时候站出来协调彼此的关系。之所以说"在适当的时候站出来"，是因为团队成员之间有分歧是正常的，因分歧造成争辩、争论也是正常的，只要这种争论在良性的范围内，彼此间没有因分歧和争论伤和气、闹情绪，领导者就可以坐视不管。要知道，不少优秀的创意和点子，就是在分歧与争辩中迸发出来的。

当争辩、争论升级为争吵、吵架时，领导者就应该马上站出来，控制住争吵的场面。领导者可以采用询问的方式，一对一地了解事情真相。对于下属间的分歧，领导者应该做到一碗水端平，客观公正地对待彼此。有时候，甚至可以采取"各打五十大板"的办法，也不要偏向任何一方，否则，会让另一方难以接受。总之，领导者要充当"和事佬"，而不要"火上浇油"。

（2）在决策中应吸纳众人的智慧

在决策中，出现分歧是很常见的。当你提出一项决议、一个想法时，如果大家对你不认同，你该怎么做呢？有些领导者崇尚权力和权威，不喜欢被下属反对，觉得下属驳斥他的观点是没面子的事情。因此，他们在决策时往往表现得独断专行，什么事情都是他说了算，根本不给别人反驳的机会。而有些领导者崇尚民主，对于别人的不同意见，能够做到洗耳恭听、择善而从。这种领导者是值得肯定的，他们往往容易获得大家的支持和服从。

俗话说："良药苦口利于病，忠言逆耳利于行。"如果在决策时，只有领导者一种意见，大家都说支持，那么这就不叫决策。真正的决策是在分析多种方案的基础上，最后从中选择一个最佳的方案。因此，当下属提出不同意见时，领导者要细心倾听，认真分析，如果有道理，就要给予肯定和赞扬，千万不要觉得丢面子。对于那些敢直言的下属，管理者应该感到高兴，因为这种勇气本身就是一种正能量。

（3）鼓励团队成员提出不同的意见

如果一个团队永远只有一个声音，那么结果是可怕的。所以，高明的管理者往往会鼓励团队成员提出不同的意见，他们不怕团队成员之间有分歧，他们怕的是团队成员不敢提出自己的真知灼见。美国通用汽车公司的总经理斯隆就是这么做的。

1994年，美国著名管理学家杜克受聘于美国通用汽车公司担任管理决策顾问。杜克来公司的第一天，斯隆对他说："我不知道要您研究什么，要您写什么，也不知道该得出什么结论。这些都该是您的任务。我唯一的要求，只是希望您将您认为正确的东西写下来。您不必顾虑我们的反应，也不必怕我们不同意。尤其重要的是，您不必为了让我们接受，而一味调和。"这番话足以表明，斯隆是一个希望听到真实想法而不担心出现分歧的领导者。

（4）不被不同的意见所左右而忘记领导的职责

在决策过程中，面对不同的意见，领导者要记住一点：制定符合企业发展目标的决策，而不能为了迎合下属或见多数人不支持自己的意见，就放弃自己的观点。因为领导者是决策的主体，处于主导地位，方案有多种，主意还得自己拿。如果轻易被分歧性的意见左右，领导者就徒有其名了，这就是失职。

08

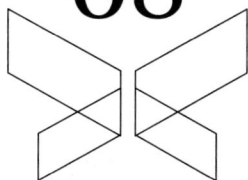

没有执行，
再伟大的战略都等于零

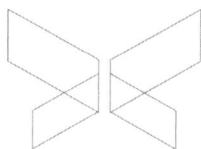

要想把企业经营管理好，光有好的决策是不够的，还必须具备超强的执行力。联想集团总裁兼 CEO 杨元庆说过："企业的成功，20% 在决策，80% 在执行。"可见，没有执行，再伟大的战略都等于零，没有执行企业就没有竞争力。因此，在执行的时候一定要以结果为导向，任何找借口、打折扣的执行都应该避免，坚决做到"不讲如果，只讲结果"。

1　没有执行，再好的战略都无法实施

在一份针对 1000 名职业经理人的问卷调查中，面对"如何落实公司的目标"这个问题，80% 的经理人的回答显得语无伦次和空洞无物。他们多数这样回答：创造愿景、成立团队、授权员工等等。但是具体怎么做呢？他们没有提到，而问题恰恰就出在这里。

战略很重要，因为它意味着企业的发展轨迹；愿景规划也很重要，因为它是企业发展的方向；授权员工也很重要，它保证了每个员工都有展示自我才华的机会……但是不可否认的是，若想这些重要因素发挥作用，必须依靠执行力。如果没有执行力，那么所有卓越的方案都只是空谈，所有完美的计划都只是幻想。

埃克哈德·法伊弗原是康柏公司的总裁，但是后来被公司解雇了。原因是什么呢？对此，康柏电脑公司的创始人和主席本·罗森表示："法伊弗之所以被解雇，原因不是他所制定的战略的问题——在 6 年时间内将康柏公司由一家高价位办公室 PC 制造商转变为世界第二大（仅次于 IBM）的计算机公司。这个战略没有错，而是因为他缺少执行力，他无

法打造一个有执行力的团队。"

在微软和英特尔建立 Wintel 体系之前，法伊弗就意识到为包括掌上电脑和服务器网络在内的所有设备提供服务是一个巨大的商机。但是单凭康柏电脑公司的实力，根本无法建立起这样一个服务系统，况且为客户提供计算机服务并不是康柏电脑公司的长项。

为了提升康柏电脑公司在计算机服务方面的实力，法伊弗先后兼并了天腾公司和数字设备公司，这两家公司是高端服务器的制造商。事情进行到这，一切都进行得很顺利。法伊弗的战略计划也一环扣一环，看上去非常完美，但是他忘了一个重要的问题——如何使康柏真正进入服务市场？对于这个具体的问题，法伊弗并没有投入更多的关注，没有制订有效的规划，因此，他不可能帮助康柏抓住计算机服务方面的商机。这就是他最终离开康柏的原因。

当管理者养成了一种虚荣、空想、形式主义、不注重具体问题的思维和习惯后，他就不可避免地会遭遇失败和挫折。管理者一定要明白，脚踏实地做事，不仅仅是做人的原则，更是做事的原则。在当今竞争日益激烈的市场中，机会稍纵即逝，企业要想抓住机会，获得利润，就必须以踏实的心态来经营企业，用实实在在的行动去做具体的事情，这样才能确保企业战略得到有效执行。

保罗·托马斯和大卫·伯恩在《执行力》一书中说过这样一段话："满街的咖啡店，唯有星巴克一枝独秀；同是做PC，唯有戴尔独占鳌头；都是做超市，唯有沃尔玛雄居零售业榜首。而造成这些不同的原因，则是各个企业的执行力的差异。那些在激烈竞争中能够最终胜出的企业无疑都是具有很强的执行力的。"

执行力是决定企业成败的一个重要因素，是 21 世纪构成企业竞争力的重要一环。执行力是企业的核心竞争力，没有执行力，企业就没有核心竞争力。通用电气、IBM、微软、戴尔、松下电器等企业之所以成功，与其杰出的执行能力有着直接的关系。

如果提到近年来发展势头迅猛的卓越公司，我们就不得不提戴尔公司。戴尔公司在不到 30 年的时间里，一跃成为世界最大的 PC 制造商。这简直是一个神话。

很多人把戴尔公司的成功归结于它所实行的直销策略。但客观地说，实行直销策略的企业有很多，但真正成就卓越的并不多。那么，戴尔公司的成功秘诀到底是什么呢？答案是：踏踏实实做事的执行文化。

在戴尔公司，管理者对于具体问题、细节问题十分关注，并且在 20 多年的发展中，这种关注具体问题的精神丝毫没有减弱和动摇。与很多公司老犯"言出不行"的错误不同，戴尔公司具有言出必行的传统美德。每一名员工都必须尽职尽责地对待自己的工作，每一个环节都在上级领导的监督下落实到实处。

正是由于每一名戴尔员工都重视具体的事情，公司所实行的订单生产才能取得最大化的经济效益。因为只有把每一个环节的工作落到实处，企业的存货周转率和资金周转速度才能得以提高。

怎样才能把每一环节的工作落到实处呢？要做到这一点，不仅需要员工明确自己的职责，并且把自己职责范围内的工作做好，更需要高层管理者将关注的焦点从美好的设想转移到具体的问题上来，然后制定可执行的行动方案，并关注方案的执行进展。

一个企业要想取得卓越的成就，仅有卓越的战略规划是不够的，还必须有脚踏实地落实计划的韧性和勇气，这就是执行力。正如欧莱雅（中国）有限公司的总裁盖·保罗先生曾说的那样："一个企业要想取得成功，就必须既要像诗人一样有激情，又要像农民一样实干，只有诗人加农民才能站稳脚跟。"

实际上，不论是诗人的激情，还是农民的实干，都不应该仅为企业中的某个人或某些人所有。不管你是 CEO，还是中层领导者，你都应该同时拥有这两种精神，这样你才能把战略和执行有机地融合，把理想和现实完美地结合在一起，才有机会立足现在，创造未来。

2 做老板，就要把执行力当作经营成败的关键

很多人把公司经营失败的原因归咎于策略失误。2003 年初，拉里·博西迪和拉姆·查兰所著的《执行——如何完成任务的学问》一书问世并风靡全球，他们在书中指出：执行

力才是企业经营成败的根本原因。

2003年，海信集团的销售收入达到221亿元，增长幅度为14.5%。海信电视、空调、冰箱、手机等主导产品的产销规模都有了较大增长，海外市场开拓、产业结构优化等也取得了不小的成绩，经营质量得到进一步提高。

在成绩面前，海信集团董事长周厚健却谦虚地表示，海信目前急需解决的问题仍然是执行力不强的问题。他还具体地指出，海信执行力不强的表现主要有：

第一，不能按时执行战略，导致好的思路和策略成为空谈；

第二，安排工作不到位，执行任务拖拖拉拉、没有紧迫感；

第三，执行过程马马虎虎，得过且过，敷衍了事。

周厚健表示，执行力低下是企业管理中最大的黑洞，再好的策略都必须通过执行才能显示出价值。如果企业执行力差，将会直接导致在贯彻企业经营理念、实现经营目标上大打折扣，更重要的是削弱了领导者、广大员工的斗志，破坏了工作氛围，影响了企业的整体利益。长此以往，它将会断送企业的前途。

那么，是不是说海信集团没有执行力呢？当然不是，周厚健表示，海信的管理团队和管理机制还是具备强大的执行力基础的。他还举例说明了这点，比如，1995年海信研发空调时，公司内外一片反对声。公司相关人员经过近两年的产品分析、市场调研，最后决定研发变频空调。决策拍板后，集团上下从项目引进、消化，到迅速建成全国规模最大的变频空调生产基地，整个过程彰显了强大的执行力，从而使这个项目获得了巨大的成功。这个项目的成功，与其说是决策上的成功，不如说是执行上的成功。在海信，这样的例子还有很多，成功的或失败的，都与执行力有关。

尽管海信集团发展势头如火如荼，但周厚健表示海信集团执行力不强的观点一点也不夸张。在上世纪90年代以后，凡是高速发展而且发展得好的世界级企业，都是因为他们有好的执行力。IBM总裁郭士纳曾说："一个成功的企业和管理者应该具备三个基本特征，即明确的业务核心、卓越的执行力及优秀的领导能力。"在他看来，执行力是企业成功不可缺少的特征之一。

思科系统公司是全世界最大的网络设备公司，也是2000年全世界股票市值最大的公司。很多人认为，这样一个拥有强大技术和实力的公司，其核心竞争力肯定是技术，但是思科全球副总裁林正刚却认为思科的成功不在于技术，而在于执行力。由此可见，世界级的大公司多么重视执行力。

那么，为什么很多企业执行力不足呢？其实，这是有原因的：

首先，管理者没有对执行力常抓不懈，他们往往虎头蛇尾，导致企业无法始终保持高效的执行力。其次，公司的管理制度不严谨，经常朝令夕改，让员工无所适从，这也会影响企业的执行力。第三，制度本身不合理，缺少操作性和针对性，或者过于繁琐，不利于执行。比如，处理一个文件只需7分钟，但由于公司处理文件的制度过于繁琐，文件在中间的环节耽搁太久，导致执行力低下。

执行的关键在领导，如果领导者能强化贯彻，对提高企业的执行力是很有帮助的。当然，企业的成功主要靠团队执行力，团队有执行力，企业才有竞争力。把团队的执行任务分解到个人，就可以看出个人的执行力。从每一个员工的执行力上，可以看出企业的团队是否有执行力。那么，怎样才能强化团队的执行力呢？

（1）树立明确的目标，确定执行力的方向

确定目标，似乎是一个老生常谈的话题，但确定目标并不是容易的事。确立目标的基础是，前期做大量的分析调研工作。在制定大目标之后，要进一步将目标分解，所谓"千斤重担大家挑，人人肩上有指标"，这里的指标就是每个员工的目标。如果每一名员工都能完成自己相应的指标，那么企业的大目标就能得以实现。

从企业"大"目标到部门"中"目标和员工"小"目标，体现了目标的层级关系。正是因为有了目标分解，目标才会越来越具体，越来越有操作性。当企业目标明确时，大家才会各司其职，而不是像盲人骑瞎马，走到哪算哪；当企业目标明确时，各个部门、各个员工才能在执行中形成一股合力，从而更好地发挥聪明才智，促进目标的达成。

（2）引导员工实现团结协作

团结协作是一种良好的职业道德，需要企业营造一种团结协作的环境。要想做到这一点，可以从这样几个方面入手：一是树立美好的愿景，让员工看得到企业的前景，为共同的奋斗目标而努力；二是建立明确的工作职责与工作目标及合理的薪酬体系，因为清晰的工作职责与目标，对员工找准努力的方向十分有利；三是加强员工教育，培养他们团结协作的合作精神。

3　执行不是从员工开始，而是从老板开始

有人说："企业的失败，20％错在老总，因为他的战略错了；另外的80％错在总裁，因为他的执行层错了。"作为企业的领导者，作为团队的带头人，如果你本身缺乏执行力，那么你的团队在你的带领下，也会变得执行力低下。

联想集团总裁柳传志认为，领导者既是一个组织的发号施令者，更是组织的排头兵。因为领导者的行为表现大家都看在眼里，记在心上，甚至会效仿。所以，领导应该身先士卒，做执行的榜样，这样才能给员工积极的影响。

三国时期，一次，曹操带兵出战，出发前，他规定：不许踩踏农民的庄稼，违者将处以死刑。可是在行军途中，曹操的坐骑受到了惊吓，慌乱地窜到了麦田里，把麦子踩坏了。见此情景，曹操立即叫来随行的官员，要求对自己定罪。

官员说："按规定，应该是死罪，但是怎么能给丞相定罪呢？"

曹操说："我亲口定下的规矩，如果我不遵守，还有谁心甘情愿地遵守？一个不守信用的人，怎么能统领士兵呢？"说着，就从腰间抽出佩剑要自刎，部将们赶紧将他拦住。

这时，谋士郭嘉走上前说："古书《春秋》上说，法不加于尊。丞相统领大军，重任在身，怎么能自杀呢？"

曹操沉思片刻，说："既然古书《春秋》上有'法不加于尊'的说法，那就暂且免我一死。但是我说话不能不算数，我犯错了也应该受罚，那就割发代首吧！"说完他用剑割断了自己的头发。

割掉头发，在现在来看是一件很正常的事情。可是在古代，发肤受之父母，随便割掉头发，不仅大逆不道，而且还是不孝的表现。曹操作为军队的统帅，能够割发代首，所表达的是身先士卒、以身作则的姿态。这种姿态体现了对制度的敬畏，极好地维护了制度的权威性和严肃性，给下属提了一个大大的"醒"。

在企业中，执行同样需要榜样，行动也需要榜样。身为领导者，应该做好这个榜样，因为榜样的力量是无穷的。很多管理者存在一个错误的观念，他们认为制度是给下属制定的，任务是给下属安排的，下属必须执行，而他们自己则肆意违反制度，高高在上地指挥。殊不知，从布置任务到完成任务，中间要经过很多环节，管理者应该承担起沟通、协调、协助和监督的任务，这样才能保证执行到位。

德国有一家公司名叫"无限的爱"（组织）日用品和化妆品连锁超市（简称DM），该公司在德国知名度非常高。在30多年之前，格茨·维尔纳创办了第一家DM连锁店。在经营管理过程中，他十分重视以身作则地培养员工的执行力，而且尤其重视执行中的细节问题。

有一次，维尔纳巡视一家 DM 分店时，发现灯光聚集在地上，货架上却没有灯光，于是他叫来分店的经理，并让他把扫帚拿过来。分店经理一脸疑惑，当他把扫帚递给维尔纳时，维尔纳示意分店经理看灯，说："你看，灯光亮点聚集在地上，并没有照在货架上，这不是浪费了吗？"说完他用扫帚把灯管拨了一下，让灯光照在了货架上。

这么小的问题，都被维尔纳注意到了，而且他不仅是注意，还及时将问题解决掉。正是靠着这种示范，维尔纳把公司经营得越来越大，如今拥有了 1300 多家连锁店，属下员工两万多名，年销售额高达百亿欧元。2003 年，维尔纳的个人资产已经达到了 9.5 亿欧元。

有人曾问维尔纳："你是怎么把企业做大做强的？"维尔纳回答说："以身作则地注重细节。"他解释道："这样做永远比下达指示给员工留下的印象深刻得多。"当然，他也表示："我不可能每天都到所有的分店跑一圈，不可能每个细节都不放过，所以，这就是我在全公司打造细节执行力的原因所在。我不但要自己注重在细节中执行制度，更要让全体员工都重视细节。"

作为一名管理者，你不可能凡事亲力亲为，你也没必要事必躬亲，但是在某些方面，你一定要为员工做出表率。比如，像维尔纳一样，为员工做一个注重细节的榜样，影响和感染员工形成良好的执行习惯。这样，企业制度的执行才能做到完美，企业的工作才能真正落实到位。

4 执行力的兑现不是人而是时间

不积跬步，无以致千里；不积小流，无以成江海。这些古话告诫我们，无论什么事情，都要认真去做，只有踏踏实实地去执行，才会取得成功。在这里，执行也是一种能力，叫作执行力。执行力是企业竞争的核心，它指的是企业所贯彻的战略意图，完成预定目标的操作能力，是企业把目标、战略意图转化为效益的关键步骤。

执行力，并不仅仅指上级派某个人去解决某个问题，而是一个企业坚持不懈，充分利用手头的资源，给企业带来最大的效益，执行能力往往体现在时间上。试想一下，如果我们做任何事情都只有三分钟热度，必然成功不了。

2004年，台湾中小企业的领导公司鸿海公司刚刚涉足笔记本电脑时，公司总裁郭台铭并没有像其他的公司总裁一样，他没有犹豫不决，而是立刻开始着手准备这一项目。他立刻与一家日本企业签订协议，一起开始共同研发设计笔记本电脑。与他合作的那家公司是日本著名的笔记本设计公司，当然它的要求也异常严格，过程中遇到过许多的困难与挫折，他都坚持不懈地去执行，一刻都不停歇，最终，鸿海公司成功跻身笔记本行业。

如果说，鸿海公司有什么成功秘诀的话，那就是他坚定的执行力。只要有想法，他就会立刻去执行，毫不拖延。遇到困难，也会毫不气馁，坚持不懈。

做任何事情，解决任何问题，都需要一个过程，都是循序渐进，而不是一步到位的。有很多企业的老板都缺少这样的心态，做事急功近利，一味追求结果。其实，一个企业真正想要做大做强，是一个长期的工程，不是一朝一夕能够完成的。

一个企业就算拥有再完美的方案，再伟大的构想，再强大的团队，占据再有前途的行业，如果政策不能被坚定地执行，到头也是竹篮打水一场空，永远只能停留在纸上谈兵的阶段。

一个品牌，从生产，到上市，再到出名，至少需要几年的时间，但是很少有公司能坚持这么长的时间。并不是他们的产品质量不好，企业的领导人领导能力差，团队没实力。而是他们都无法在没有回报的情况下坚持这么久。归根结底，他们缺乏执行力。优秀的企业与一般的企业的差距也就在执行力上凸显出来，谁做得更好，谁的执行力就强。

在当今激烈的市场竞争中，衡量一个企业、一个团队、一个员工的执行力，关键是看速度，看效果。如果一个团队能在保证完成任务的同时，以远远快于同行的速度去执行，那么这个团队将会所向披靡，这个企业将会前景无限。反之，如果团队执行速度慢，就很容易贻误战机，这样一来再完美的执行也会失去价值，这样的团队就没有执行力了。

1999 年 2 月的一天，马云带领从北京回到杭州的 18 人，在自己家里召开了一次全体会议。这次会议之后，18 个像马云一样的"疯子"就开始迅速行动起来。其实，当时很多人并不理解马云的创业意图。当马云把网站的经营模式和盘托出时，程序员不同意，一些编辑人员也反对，他们对电子商务模式的认识还停留在 B2C 和 C2C 上。这也不怪他们，因为当时世界上成功的电子商务模式只有这两种。

在 18 人中，多数人认为马云的脑袋里装的 B2B 模式不可能成功。马云努力倡导自己的想法，但是没能说服他们，在这种情况下，马云只好用一个创业"头儿"的身份来下命令："你们立刻、现在、马上去做！"

马云下令后，团队没有任何怨言，大家分头行动，快速展开执行。事后马云说："我很少固执己见，100 件事里难得有 1 件。但是有些事，我拍了自己的脑袋，凡是觉得自己有道理的，我一定要坚持到底。"在后来阿里巴巴的发展过程中，像这样的情况出现过很多次。

有人说，阿里巴巴不是计划出来的，而是在"现在、立刻、马上"的执行理念中干出来的。在马云的带领下，阿里巴巴团队朝着自己认为正确的方向疯狂奔跑，最后他们成功了。

当然了，每个企业都渴望高效的团队执行力，但是执行力的提高并不是简单的事情。企业要想为执行提速，必须建立一套完善的控制制度。这套制度要为执行排除不必要的障碍，比如，消除繁杂的程序、严重的等级、官僚主义、推脱责任、拖延等不正之风。这套制度还要求每个管理者带头落实，每个员工严格遵守，并且大家还要互相协作，只有这样，团队执行力才能成功提速。

总之，企业要想在激烈的市场竞争中生存，就要提高企业的执行力。不仅要提高企业每一位员工的执行力，而且要提高每一个部门的整体执行力。只有这样，企业才会有系统的执行力，才会塑造出强大的竞争力，从而在市场上立于不败之地。

5 让执行的每个环节都落实在细节上

英格兰有一句民谣："少了一个铁钉，丢了一只马掌；少了一只马掌，丢了一匹战马；少了一匹战马，败了一场战役；败了一场战役，失了一个国家。"这个传奇故事发生在英国国王理查三世身上，对此，英国著名的诗人莎士比亚曾说："马，马，一马失社稷。"

少了一颗钉子，带来了亡国之灾。由此可见，细节多么重要。在执行中，如果忽视细节，不讲究执行质量，有可能导致企业破产。这不是危言耸听，不是肆意夸大，而是真实地发生在很多破产企业身上。

有一家建材公司的退货率有些高，但是没有引起老板的重视。后来，退货率越来越高，产品销售额逐渐萎缩。最后，企业产品无法售出，投入的资金无法收回，企业陷入了破产边缘。是什么原因导致这家企业濒临破产呢？

老板决心查出问题，经过精心调查，他发现产品质量没有问题，问题出在送货上。原来，公司的送货员在客户对产品提出一些问题的时候，他们不是置若罔闻，就是暗示客户产品质量有问题。比如，客户说："这块大理石的花纹怎么这么暗，是不是质量有问题啊？"送货员居然也阴阳怪气地说："我觉得也是。"客户一听，自然对产品失去好感，于是退货了。

了解到这一情况后，老板突然发现，各个部门都有奖金，唯独送货部门没有奖金。于是，他立即宣布，从销售部拨出10%的奖金给送货部。从那以后，退货现象少了很多。因为送货员会帮公司说好话，比如，当客户抱怨大理石的花纹太暗时，送货人会说："暗花纹可以显得庄重大方。"就这样一句话，增加了客户对产品的信任。

送货员在送货过程中，一句有损企业产品形象的话看似微不足道，但却差一点葬送了企业。由此可见，执行一定要落实到每一个细节上，只有保持细致的工作态度，在细节上下功夫，才能保证完美执行。

看看肯德基、麦当劳，凡事皆有高标准、严要求，不忽视任何一个细节。土豆条炸到怎样的程度？牛肉饼的分量够不够？店堂是否清洁？音乐是否优美？等等细节，都被企业列为不可忽视的执行标准。再看看美国希尔顿饭店的高标准服务，从中我们可以发现，执行落实到每个细节是多么重要。

希尔顿是美国的"旅馆大王"，他严格要求员工，不管工作如何辛苦，都必须对客户保持微笑。他把"你今天对顾客微笑了吗"作为自己的座右铭。在他经营旅馆的50多年中，他经常巡视各分店。每到一家分店，他都不忘告诉员工：今天你对顾客微笑了吗？

1930年，美国遭遇了罕见的经济大萧条，80%的旅馆在这次危机中倒闭。希尔顿旅馆也遭遇了前所未有的困境。尽管如此，希尔顿仍然有坚定的信念，他积极飞赴各分店，鼓励员工一起共渡难关。在借债度日期间，他仍然要求员工对客户微笑，他呼吁："万万不可把心中的愁云摆在脸上，无论遭到何种困难，'希尔顿'服务员脸上的微笑永远属于顾客！"

由于全体员工在服务中很好地贯彻了微笑原则，希尔顿旅店感动了很多人。因此，希尔顿旅店的回头客特别多，渐渐地，它走出了低谷。后来，当希尔顿旅店不断扩大规模时，希尔顿问员工们："你们认为还需要添置什么？"员工答不上来。希尔顿笑着说："还要继续添置一流的微笑！"

希尔顿告诉员工："如果我是一个旅客，单有一流的设备，没有一流的服务，我宁愿弃之而去住那种虽然设施差一些，却处处可以见到微笑的旅馆。"正是因为全体员工把执行落实到微笑这一细节上，希尔顿旅店才能至今屹立不倒，傲视群雄。

或许有人会说："执行任务就执行任务，何必要微笑呢？我们又不是卖笑的，笑与不笑有什么关系吗？"殊不知，微笑这个细节可以体现企业对顾客的尊重，能让顾客感到温暖和愉悦，使顾客对公司产生好感。

全球第一零售巨头沃尔玛也要求员工对客户保持微笑，并且有明确的规定，员工必须对三米以内的顾客微笑致意，甚至还有微笑的细则——要露出 8 颗牙齿。另外，当顾客提出问题时，员工永远不能说"不知道"。可以说，沃尔玛帝国有如今的成功，与它注重执行细节是分不开的。

有人曾问世界最伟大的建筑师密斯·凡·德罗："你的成功秘诀是什么？"密斯·凡·德罗的回答只有简单的六个字："秘诀在细节中。"他反复强调："不管你的建筑设计方案如何恢弘大气，但如果你不把握好细节，永远称不上是一件好作品。"其实，不仅是建筑设计，经营企业、管理企业也是如此。

张老板想与一位客户合作，于是邀请客户来公司考察。在客户来公司之前，张老板就把客户的情况了解清楚了，给客户定的酒店是客户以前经常入住的，给客户准备的饭菜是客户最喜欢吃的，而且客户来访的第二天，正巧是客户的生日。张老板给客户精心准备了一场生日晚宴。这些细小的举动让客户非常感动。最后，客户答应了张老板的合作意向。张先生之所以能打动客户，赢得重要的签单，正是因为他在攻关客户的过程中注重细节。这个例子再次告诉我们，执行一定要落实到细节，才能保证圆满完成任务。

6　绩效和结果是检验执行的唯一标准

很多管理者嘴上功夫很厉害，经常把战略说得天花乱坠，但是到了要真刀实枪干的时候，就一筹莫展，迟迟找不到具体实施办法，最后无法取得预期的结果。这就是常见的战略问题，战略高来高走，缺乏实际意义，没有可操作性，或战略过于空泛，无法指明具体方向，导致无法落实到位。最后，战略变成一纸空文。

看看有些公司的财报，你不难发现一个现象，有些公司的战略相当宏大、有气魄，相当时髦响亮，看似颇具号召力。可是拿到市场上去竞争，才发现只有象征意义，实际意义非常有限。这不禁让人对这类"没有落实到目标和结果上的战略"产生怀疑。

王府井百货大楼是新中国成立后，国家投资兴建的第一座百货大楼。尽管曾经的它获得了很多荣誉，但是在激烈的市场竞争下，它很快就失去了"中国第一店"的风采。

1996年，为了重振"中国第一店"的雄风，王府井百货公司的管理层花血本聘请著名的咨询公司麦肯锡为其制定发展战略、设计经营方案。在同一年，王府井百货公司还聘请了安达信公司帮忙开发计算机管理信息系统。在第二年，王府井百货公司再次聘请麦肯锡咨询公司为其制定市场营销和广告策略。

然而，这个耗资500万元的企业战略有些空喊口号，与王府井百货大楼的实际情况出入甚大，没有发挥预想的现实指导意义，也没有落实到目标和结果上，最后不了了之。

如果企业管理者只想把战略拿来作秀，拿到媒体面前去吹捧自己，那就另当别论。如果管理者希望用战略指导整个企业的经营和管理，就必须让战略具备很强的操作性，要可分解、可细化，有具体的目标，有可实施手段，有可考核的标准。只有这样，企业战略才有实际意义，才能发挥真正的作用。

管理者一定要明白，企业的战略不仅仅是一句响亮的口号，更应是一句务实的计策。好的战略让人一看，就知道它在说什么，应该怎么去做。好的战略甚至是可以量化的，也是可以分解的。因为具体的东西才能更好地实现，这样的战略才能很好地体现在工作目标和工作结果上去。

由此可见，战略要落实到目标和结果上面，是要求战略要符合企业的实际情况，战略要有可行性。当然，制定了科学合理的战略之后，必须加强执行，要以结果为导向。如果战略制定之后，没有去执行，或者执行力度不够，一样无法产生好的结果。

马云说过："一切的理念、想法、战略如果不能落实到结果和目标上面，都是空话。"我们经常发现这个员工说："我努力了。"那个员工说："我尽力了。"最后发现，每个人都捶胸顿足地说："我尽心尽力了。"但就是没有结果。为什么会这样呢？看看下面这个案例吧！

黎先生是台湾一家电脑配件生产商，他制定的公司战略是"走出去，与外商合作"。在执行中，他以及他的团队只是想着找外商合作，但并没有设定具体的合作计划，也没有具体的目标，所以并没有达到他想要的效果。

有一次，一位美国客户到台湾考察。几家电脑公司都想争取这个客户，黎先生也得知了这一消息，因此，他打算去机场迎接客户。客户到达的当天，黎先生匆匆来到机场，发现几家竞争对手公司都已经在那里等候了。

过了一会儿，外商乘坐的飞机降落了，当客户走出机舱时，等候多时的黎先生和其他竞争对手准备迎上去，但是他们惊讶地发现，郭台铭和客户一起走下了飞机，他们边走边聊，似乎聊得很投机。原来，郭台铭在得知客户要来台湾考察时，竟然乘飞机去了美国，然后又陪伴客户坐飞机来到台湾。当飞机降落时，他已经和客户谈得差不多了。

每个企业管理者都想把大客户抓到手，都想今年取得多少销售额，但是想法归想法，目标是目标，如果没有落实到行动上，就无法取得好的效果。就像黎先生以及那些商家，虽然也想抓住那位美国客户，但是他们的执行力不够，营销策略过于平常，而郭台铭却能快人一步、高人一招。如果管理者有郭台铭那种执行理念，那么还有什么战略无法落实到目标和结果上呢？

这个案例也告诉我们，执行了但是没有取得好的结果，就不叫好的执行。我们经常强调"执行到位"，就是要求执行出成绩、出成果，要以结果论英雄。如果把目标当成一个任务，没有紧迫感，不去找方法，这样的执行是很难取得成效的。

09

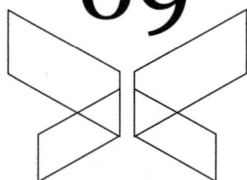

别指望人人都自动自发，
问责与监督才是硬道理

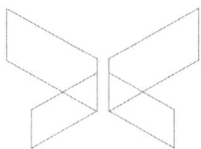

　　制度执行的效果如何，离不开管理者的监督，有了监督，才能随时了解制度的执行情况。制度执行的情况如果不好，管理者应该立即问责——找到相应的负责人，按照制度的规定让其承担责任。只有做到这一点，才能为制度的执行保驾护航，才能确保制度真正落实到位。所以说，管理者要敢于问责、严于问责，让问责真正产生实效。

1　有效的执行需要有效的监督机制

不少企业存在"半截子"工程。管理者把任务布置下去之后就不再过问，而员工在执行中一旦遇到困难，就可能会拖延、敷衍，甚至干脆把任务搁置起来，不去执行。等到管理者追问结果时，员工就开始找借口为自己推脱。或者员工的执行偏离了正确的方向，与管理者所期望的大相径庭。这样一来，好的战略没有得到贯彻执行，好的想法没有落实到结果上，就不可能给企业带来效益。执行离不开监督，要想员工有效地执行任务，就必须建立有效的监督机制。

克里斯托弗·高尔文是摩托罗拉创始人的孙子。1997年，他接任公司CEO。上任之后，他认为应该对员工充分授权，完全放手，让高级主管充分发挥能力。可是，在授权之后，他不重视监督，不关注员工的执行效果，导致公司经营出现重大失误。为此摩托罗拉公司的市场占有率逐步下降，股票市值、赢利也连连下跌。到了2001年，摩托罗拉开始出现了亏损。

对摩托罗拉这样的大公司，出现这样的严重后果，确实是罕见的。而问题的关键就在于克里斯托弗·高尔文只知道放权，却没有做好监督。这样最明显的弊端就是，无从得知员工的工作情况，不能及时了解问题，调整战略。

最典型的一次事件是，营销总经理福洛斯特建议克里斯托弗·高尔文把业绩不好的广告代理商麦肯广告撤换掉。但是高尔文没有采纳这个建议，因为他对麦肯广告的负责人非常信任，他表示要给对方一次机会，放手让对方去经营。

结果一年之后，麦肯广告公司糟糕的经营状况令他震惊不已。于是，他赶忙撤掉麦肯广告公司。可笑的是，克里斯托弗·高尔文在这一年间，并没有问及麦肯广告公司的经营情况，下属也没有向他汇报麦肯公司的情况。

还有一件事，摩托罗拉曾决定重磅推出一款"鲨鱼"手机，这款手机厚重、价格昂贵。克里斯托弗·高尔文原本知道欧洲人喜欢简单、轻巧的机型，但是他在决策时，只是轻描淡写地问下属几句有关市场调查的情况，然后就同意推出这款手机。结果"鲨鱼"手机在欧洲市场严重亏本。事实上，就算决策失误，只要在事后加强监督，也可以在第一时间发现问题，及时调整战略，避免遭到重创。

从克里斯托弗·高尔文不重视监督的失败经历中，我们可以吸取很多教训，无论是员工落实制度，还是执行任务，作为企业老板和高层管理者，都应该建立有效的监督机制，关注员工执行的效率和进展。只有当管理者关注"回报"，员工才会给你"回报"。前一个"回报"是指"回来报告"，即员工及时向你汇报自己的工作进展，后一个"回报"才是报答和收益。

在企业经营管理中，很多老板把任务交代给员工，就不去过问，等到后来发现事情不对劲时，又责怪员工。殊不知，因为管理者不重视监督，不要求员工汇报，员工自然不做汇报。例如，下面这种情况很常见：

一天，老板对市场部的王经理说："我这里有一个市场推广任务交给你……"老板和王经理谈了两个小时，交代了诸多背景、重要性、目标、权限范围、风险等等。讲完后，老板习惯性地问了一句："你清楚了吗？"

王经理说："没问题，我马上就安排人去办。"

王经理回到办公室，立即召集手下的骨干员工，谈了30分钟，把任务布置下去。

三天后，老板被一系列重要事务缠着，忘记了给王经理布置的事情。一周过去了，直到半个月后，老板才突然想起那件事，于是马上问王经理事情办得怎么样了。王经理把事情的进展情况向老板汇报了一下，结果老板大惊失色，大声嚷嚷道："你怎么这么干呢？你怎么不早向我汇报呢？"

你布置任务之后，要求员工汇报工作进展情况吗？你是怎样监督员工的执行情况呢？很多管理者喜欢听员工汇报，却不知，真正有效的执行是双向沟通和反馈，既要求下属向上司汇报，也要求上司主动走下去，去了解员工的执行情况，及时发现员工执行中存在的问题，以便给予指点和帮助，这样才能保证下属不偏不倚地按照目标去执行。

大公司管理的精髓在于，管理者主动去检查和监督，是促进员工把工作落实到位的关键。因为员工的自觉性再好，能力再强，也需要管理者的监督。没有监督，结果执行不到位，出了大问题时，后悔就晚了。

不过，监督不等于监视，有些管理者恨不得监视员工的一举一动，甚至为此不惜破费金钱，费尽心思，借助高科技手段监视员工，期望员工认真地对待工作、不偷懒、不要滑。比如，员工出差，会给员工发放一部带有定位系统的手机，实现随时了解员工动态的目的。殊不知，这不叫监督，而是监视和窥探，必然会遭到员工的反感和抵触。

事实上，最有效的监督是最简单的。管理者不用监督太多，只需监督和控制最重要的环节。就像汽车上的表盘、仪表，是给司机做监控用的，司机只需要控制速度和路线，就能保证汽车安全行驶。管理者对员工的监督亦是如此。你给员工布置任务后，只需要讲明任务完成的时间和要达到什么效果——这个效果最好可衡量。然后，在员工执行任务期间，你隔三差五地问明情况，关注进展，询问员工是否遇到困难，及时给予指导，这就足够了。

2　强调什么就检查什么，不检查就等于不重视

有一道很有意思的数学题：$90\% \times 90\% \times 90\% \times 90\% \times 90\% = ?$ 答案是 59%。抛开简单的数学等式，这个数学题实际上告诉我们另外一个道理：如果一项工作在执行的时候打 10% 的折扣，他的执行到位率为 90%；如果五项有相关性的

工作在执行时都打10%的折扣，那么执行到位率只有59%，这是不及格的。

可见，为了保证执行到位，任何一项工作都不能打折扣，必须强化监督和检查的力度。要知道，一项工作与另一项工作，往往有直接或间接的联系，一项工作执行不到位，将会影响另一项工作，最终会发生蝴蝶效应，产生裂变。一旦检查环节出了漏洞，必会造成无法挽回的结局。

企业经营管理中的每个环节，企业目标执行中的每项细小工作，都关乎大局，千万不可打折扣。比如，技术工作中的每一张图纸，每一个尺寸标准，都应该严格；在物资供应工作中，每一个零部件的规格、型号，每一种材料的质量，都应该合格；在生产制造工作中，每一个零件的装配，每一道工序的调试，都应该准确到位。"一招不慎，满盘皆输"，任何一项工作，任何一个环节，都应该精雕细琢，认真落实到位，这样才能保证有一个圆满的执行效果。

在这个世界上，每天都有企业亏损、破产、倒闭，他们的失败往往是从1%的执行不到位开始的，最终以100%的失败而结束。难怪，有一位管理专家这样说："从你手中溜走1%的不合格，到了用户手中就会变成100%的不合格。而一旦用户对你的产品失去了信心，结果就是你的产品卖不出去，企业运转失灵，最后关门。"可见，保证执行到位，绝不打折扣，关系到企业的生死存亡。

日本企业向来以精益求精、注重细节的精神著称于世，大到钢铁公司，小到日用品制造公司，他们都重视执行中的每个细小环节，绝不打折扣。他们深知执行的质量影响产品和服务的质量，继而影响企业的声誉，最终关乎企业的命运。

日本神户炼钢厂是一家在业内知名度很高的企业，该公司的文化是：执行贵在100%落实。松盛田一是神户炼钢厂的3号机长，一天他接班后像往常一样打开电脑，检查当天的生产计划。

看完生产计划之后，松盛田一对下属说："第一炉马上就要浇中厚板，我们先去看看铸机情况，然后就浇中厚板。"说完他就带着安全帽，走出了操作室。

下属对他说："这段时间3号铸机一直很正常，没有必要每炉都检查吧？"另一名下属也附和道："是啊，检查起来挺麻烦的，光冷却水喷嘴都要几十个，反正也没什么问题，干脆省了这个环节吧？"

松盛田一平和地说："你们的想法不对啊，厂里的制度明确要求，每炉开浇之前，都必须检查设备，确保正常才能开浇，不能因为怕麻烦就省略检查。"

来到铸机面前，松盛田一先看了看喷嘴，因为它是否正常运行，关系到铸坯的质量。如果喷嘴不出水，铸坯就无法冷却均匀，继而导致内部出现断裂，导致轧钢铁质量缺陷。所以，公司特别规定，在开始浇中厚板之前，必须严格检查喷嘴，杜绝喷嘴堵塞现象。

松盛田一带着射灯，检查了两次，他发现一个喷嘴的水量偏小，之后他又发现两个喷嘴有类似的情况。当他检查完所有的喷嘴后，他身上已经被水汽浸湿了，但是他不顾这些，马上联系维修人员来处理，同时向调度中心反映情况，请求调整开浇时间。等问题处理好之后，再开始浇中厚板。

维修人员来到现场之后，把喷嘴里的杂质清除掉了，还更换了破损的供水管，这样喷嘴冷却水的流量就恢复了正常。这时松盛田一把下属们叫到一起，对他们说："厂里的规章制度是100%执行，千万不能打折扣，否则出了事故大家都担不起，到时候后悔都来不及。"

经常听到有人说："应该差不多吧！""我想没问题。""不用太在意。"尤其是在小问题上，他们越容易放松警惕，变得马虎大意。正因为有这种不负责任的心态，才会导致执行不到位。那么，为了保证执行到位，应该注意什么呢？

（1）用高标准、严要求来做事

在产品同质化的今天，凡事都要有严格的标准和要求，才能把事情做到完美，生产出优质的产品。以麦当劳为例，他们的高标准表现为：土豆条不能炸糊了，牛肉饼变质或不够分量坚决不能卖，店堂里、桌椅上必须保持清洁、音乐要优美、板凳要舒适等等。如果达不到这些要求，经理将会被开除，分店的经营许可证将被吊销。正是在这些高标准、严惩罚之下，麦当劳才能有今天的辉煌。

（2）重视过程控制，避免毁灭性的后果

美国联邦航空局（FAA）素来以严格细致的过程控制闻名于同行，他们认为有效的精细过程控制是好的质量和批量生产的稳定性的保障。当年中美联合生产"MD－82"大型客机时，上海航空工业公司获得了生产整机的许可证，他们深深领教了 FAA 代表的细致和严格。

例如，FAA 要求将铆接工序用的铆钉淬火后放入冰箱保存，并在规定的时间内取出使用。在一次检查中，FAA 代表发现一个盛水的碗里有一枚铆钉，而原始工作记录上显示，这种铆钉已全部用完。为此，FAA 当即中断了与上海航空工业公司合作。他们的理由是，这枚铆钉不明不白的出现以及公然违背了规程的放置，让人难以相信上海航空工业公司能生产飞行 5 万小时的高级客机。正是 FAA 对过程一丝不苟的管理给上海航空公司上了一课，才使得上海航空工业公司后来修成"正果"。

如果用一句话来形容过程控制的重要性，那么"$100 - 1 = 0$"这个公式是最合适不过的。在过程控制中，讲究的是不忽视任何一个小细节。否则，有可能导致满盘皆输。在这方面，例子可谓不少。比如，美国哥伦比亚号航天飞机，就是因为一个橡胶垫圈的质量不合格，导致悲剧发生。因此，企业管理者要引以为戒，要重视过程控制，做到防微杜渐。

3　保证人人有事做，事事有人管

在企业管理中，当你发现某项工作出了问题时，应该顺着执行流程，直接找到负责这项工作的负责人。通过与之交谈，了解出现问题的原因，并找到有效的措施解决现有的问题。对于出现的过错，该处罚的要处罚，该批评的要批评，绝不能姑息纵容。只有这样，才能让员工明白自己肩头的责任，更加负责任地对待工作。

有一家炸药厂经常出现安全问题，董事长感到非常忧虑，他与安全工作的负责人谈话多次，也处罚过他们多次，还撤换了好几个安全责任人，但依然无法解决安全问题。

有一天，董事长突然灵光一现，他把安全工作的负责人叫到办公室，对他说："公司近来安全问题频繁，公司决定让你全权负责安全问题，为了让你全身心地把公司的安全制度落实到位，做好安全监督工作，公司给你在厂区提供了一套房子，你把家人全部接过来住吧，也省得你每天在路上奔波。"

自从安全工作负责人搬到厂里住之后，公司的安全事故减少了很多，到最后几乎没有安全事故。为什么会出现这么大的转变呢？原因只有董事长和安全工作的负责人心里清楚，因为负责人和家人都住进了厂区，厂里的安全事故直接影响家人的安全，因此，他会更加负责任地做好安全监督工作。

每一项制度的执行情况，都涉及到一个利益关系。董事长让安全工作负责人的家人都住进厂里，实际上是将安全工作负责人一家的安危与公司的安全捆绑在一起。如果负责人继续不把安全监督工作当回事，不把安全制度落实到位，一旦出了安全事故，他们一家人的生命都会受到威胁。所以，这才给安全工作负责人带来制度落实上的动力。

由此可见，要想公司的制度和公司的战略计划得以贯彻实施，管理者就应该向下属明确责任与利益之间的关系，让员工清楚自己的责任，以及做好工作所获得的利益。同时为了让员工做好工作，管理者还需向员工说明期望和要求，达到了这些期望和要求会获得哪些奖励；如果员工没有达到这个期望和要求，将会受到哪些处罚。这些都应该让员工清楚明白，这样才能给员工压力和动力，使员工带着目标感、使命感去对待工作。

然而，把工作分配给正确的人，并不是一件简单的事情。每一个管理者都希望公司里人人有事做、事事有人管，希望人人把事情做到位，可真正有几个管理者能够如愿呢？很多企业事情一大堆，没有交给具体的、正确的负责人，公司规模越大，这种现象越严重。而且有些员工忙得加班都干不完工作，而有的员工闲得上班没事做，这一方面与员工个人的能力有关，但更重要的是管理者没有科学地分配工作。

科学地分配工作，是保证人人有事做，事事有人管的关键。它并不单单指把工作交给正确的人，还包括让正确的人做好该做的事情。也就是说，科学地分配工作不仅仅体现在如何分配工作这件事上，还要求分配产生良好的执行效果。

李明是某公司的局域网管理员，副总对他寄予厚望，觉得他能把工作做得很出色。在管理方面，李明经验不足，但他技术实力雄厚，并且是个很好相处的人。

一天，副总见李明愁眉苦脸，就问他出了什么事。他说，最近他把局域网技术修正的工作交给手下的陈小北，但是陈小北完成得并不顺利，他已经准备自己接手这项工作。

副总听完李明的讲述，连续问了李明三个问题："你在把工作交给陈小北的时候，有没有考虑陈小北是否具有胜任这项工作的能力和经验？你有没有说出你对陈小北的期望？有没有确定完成任务的期限？"

李明说："我觉得陈小北有能力完成这项工作，但实际上他以前没有负责过这么大的项目，另外，我并没有告诉陈小北我对这项工作的期望，但我认为他明白对他的工作期望。"

副总笑着说："你认为的并不等于事实，我建议你同陈小北交流一下，了解工作的最新进展情况，并且在一些问题的处理上给陈小北提供指导和建议。"

后来，李明与陈小北进行了深入的交流，在他的帮助下，陈小北顺利地完成了局域网技术修正的工作。

通过这个案例，我们可以发现，分配工作并不是一件容易的事，管理者也不是天生就会分配工作的。要想做到有效地分配工作，保证人人有事做，而且把事做好，保证事事有人管，而且把事管好，管理者要牢记这样四点：确定什么工作要交给员工去做；选定能够胜任该项工作的人；确定工作完成的期限、条件和方法；检查下属的工作进展情况；检查和评价员工的完成效果。

最后，根据员工完成的效果，实行相应的奖惩措施。许多情况下，管理者"奖励"下属的往往是更多更重要的工作，因为事实证明他很能干，因此，把工作交给他管理者很放心。但这种做法对员工来说是不公平的，因为他在加重负担的同时，并没有获得相应的酬劳。因此，除非给员工相应的奖金激励，否则，"奖励"员工更多的工作这一情况应该尽可能避免。

4 360 度评估，对员工进行客观考核

日本"经营之神"松下幸之助曾经说过："不管有无制度，经营上总是要经常对人进行考核。如果缺少对业绩、能力的制度性考核，我们只能依赖一线监督者的意见做出人事安排，稍有疏忽，稍有不注意就会出现不平、不公，导致不满，损害士气和效率等。所以，有作为的经营者都会采用人事考核制度，努力对员工的能力和业绩做出客观而公正的评价。"

经营之神的话告诉我们，企业不仅需要绩效考核制度，而且需要客观性、权威性强的绩效考核制度，这样才能避免出现不公、不平，避免员工产生不满，损害士气和效率。不信，我们来看一个案例：

甲和乙通过招聘，同一批进入一家销售公司，两人各有不同的工作方式，但把营销工作做得都很出色，两人在企业里都有很好的发展前景。两年后，两人通过绩效考核，分别被提拔为部门的业务经理。

一次，公司为了扩大业务范围，需要一位地区销售经理。对这两人来说，这都是一次不错的机遇和挑战，因此，他们都递交了申请。但是到底让谁去呢？领导感觉很为难，因为无论是在能力上还是在人际交往方面，甲和乙不分伯仲，表现都很出色。

领导想当然地认为，让谁去当地区经理，另一个人都不会有意见。于是，他根据公司的绩效考核制度虽然评估一番，走了一个过场，就让关系与自己较好的乙担任地区经理。结果，甲很想不通，他认为公司的绩效考核制度不够客观公正，让自己的利益受到了损害，于是他提出了辞职。公司极力挽留，但无济于事。

客观的绩效考核机制是保证公平公正的最佳手段。如果企业的绩效考核制度有问题，比如：不够公平，不够客观，某些条款让人难以信服，那么考核出来的结果肯定不被接受，在这种情况下，绩效考核就会失去权威性，变成一个制造不满和怨气的东西，对企业的危害是相当大的。上文案例中，因为绩效考核制度不具备客观性，直接导致员工愤然离职，使企业失去了一个优秀的人才，真的是一件可惜的事情。

俗话说得好："重赏之下必有勇夫。"奖励是激发员工工作动力的重要筹码，惩罚是鞭策员工进步的直接利器。只有通过公平公正的考核制度，才能促使员工全力以赴地为企业工作，也才能在绩效评估中获得他们想要的结果。有这样一段对话：

A企业的老板问B企业的老板："为什么你们的促销员、业务员和区域经理一个个都是拼命三郎，而我们的员工个个都像寺庙里的和尚，做一天和尚撞一天钟？"

B企业的老板回答说："因为我们的员工只要努力工作，创造了业绩，他们一辈子的饭菜都解决了，而且很丰盛；而你们的员工再怎么卖力，也只能得到一顿丰盛的饭菜。"

B老板的话一语道破了绩效考核的意义：那就是没有激励，就没有业绩。要想员工有业绩，就要给出令员工心动的激励。否则，员工也不会为企业拼命。所以，建立清晰具体且公正客观的绩效评估机制，对激励员工具有十分重要的意义。

那么，怎样才能保证考核制度的客观性和权威性呢？

考核指标一定要科学。相同的岗位有相同的岗位职责和要求，因此，应该适用相同的考核条款，而不同的岗位有不同的工作职责和要求，应有相适应的考核条款。所以，考核制度的公正性和权威性体现在于，针对不同的岗位设置具体的考核指标。

考核人员必须保持公正。绩效考核是一项复杂的系统性工程，对于负责考核的人员要求很高。公司在选择考核人员时，要选用业务能力强、为人正直、能坚持公道的综合素质较高的人员。不仅如此，还应对他们进行培训，使他们掌握考核的内容、方法、标准等关键的指标，确保他们能够严格按照要求来实施绩效考核。为了避免考核人员在绩效考核中出现不坚持原则、乱打分的现象，公司还应对考核人员进行监督和回访，一经发现一定要严格处罚。

要想考核制度具有客观性和权威性必须做到考核的方法要多样。要全面了解员工的工作效果和工作业绩的真实情况，多途径的考核方法尤为重要。日常考核中往往以看资料、查数据为主，一些工作真实情况很难掌握。所以，在工作业绩考核中，要集思广益，多采取一些好的方法和措施进行考核。

5　时常做一下员工满意度调查

员工满意度调查，听起来并不陌生，但是真正肯去做的人，风毛麟角。《财富》杂志曾经对世界范围内不同规模的公司进行了一番调查，结论是只有16%的公司会认真贯彻这一行动并使之制度化，而且公司规模越大，这项工作做得越是到位。

这个结果其实并不难以理解。小型公司一般人员流动性较高，对员工的保留度相对较差，而大公司的人员组成相对于小公司来说更加稳定。在这样的背景下，大公司更加乐意做员工满意度调查就不难理解了。

但是这种看法同时也是一种误区。管理学上有一种"马太效应"，意思是你已经得到的，会得到更多，而你失去的将会失去得更多。员工满意会降低企业人员流动率，增强企业凝聚力。满意的员工对企业产生归属感，形成对企业的心理依赖，不会轻易离开，因而员工满意度高的企业人员流动率是比较低的，凝聚力很强，每个人都有强烈的归属感。

孙总一直以来都对自己的企业文化非常满意，他觉得自己的管理还是相当人性化的，各种制度订得也非常有弹性，从各个部门经理那里反馈来的信息，也让孙总越来越坚定自己的观点。但是每次他去办公室的时候，总是觉得员工士气不是很高涨，大部分都是一脸疲惫。孙总很疑惑，但是当他把员工叫出来询问时，每次得到的回答却是：各方面都很满意。孙总知道一定是发生了什么。

于是孙总私下去了一家咨询公司，试图找到解决的办法。结果得到的答案却异常简单：做个调查问卷。孙总觉得这根本就是敷衍，自己亲自问过的，难道还不如一纸问卷有效？但是这毕竟也算一个方法。于是，孙总委托咨询公司制作了一份简单的调查问卷，给员工们发了下去，结果出人意料，员工对公司现行的政策满意度极低。孙总觉得很诧异，赶紧去咨询公司制定了一份详细的问卷，这次结果更令孙总吃惊：有的员工觉得某主管太死板，有的觉得弹性工作时间看似很不错，但是实施起来效果很差，有的抱怨该有的福利没发下来。

孙总立即下令召集中层领导开会，在会上布置了调整，改革措施，任免干部，并迅速将会议结果执行并且公布。接下来的几个月，孙总一直亲自监督，并且经常做调查，公司士气渐渐有了好转。

从中我们可以看到，作为一个领导，不可能逐一接触到每一个员工，更不可能清楚地知道每一个员工的状况。但是员工是企业的最基础的组成部分，没有好的员工，不可能有好的企业。而领导不可能时时刻刻和员工在一线，所以将员工满意度调查制度化，对企业来说有很重要的意义。

归根结底，大部分的企业都处在一个较低的生态圈里，所以时常做一下员工满意度调查，并将之规范化、制度化，是非常有必要的。这是一种价格低廉而且有直接效果的行为方式，掌握好这一利器，能让工作事半功倍。

公司的制度是人制定的，而人的思维和视野会受到很多因素的制约，难免会有考虑不周的时候。因此，制定的制度就难免存在漏洞。这时候，是死板地执行制度，并美其名曰"按制度办事"，还是听取员工的意见和建议，不断地补充和完善制度，必要的时候放弃错误的制度，采取合情合理的人性化管理方式呢？答案一目了然。

当然，如果制度本身没有任何问题，那么当员工违反制度时，管理者理所当然地按制度处理。但是要注意的是，制度是死的，人是活的，在执行制度的时候，管理者还需照顾员工的感受，尽可能地配合以情感人的管理手段，让员工心服口服地接受处罚。

西洛斯·梅考克是世界第一部收割机的发明者，也是美国国际农机商公司的创始人，被人称为企业界的全才。在他几十年的企业生涯中，他历经几次起落沧桑，但最后他都以超人的素质昂首挺过来。作为公司的老板，梅考克手握大权，但他从不滥用。即使员工违反了公司的制度，他也能在严格处罚员工的同时，设身处地地为员工着想。这种做法既维护了制度的威信，又不伤害员工的感情，十分高明。

严格地说，管理的最终目的不是管人，而是"安人"。既然是安人，就要让人心服口服，没有怨言和不满。执行制度虽然很重要，但是制度之外的事情，影响也非常大。因为人是感情动物，顾及员工的感情是管理者必须做到的。

当员工违反制度，面临严重的处罚时，管理者别忘了给员工精神安慰。当员工生活中有困难，即使他违反了公司制度，管理者也不能坐视不管。如果管理者能够像梅考克那样，既能坚持按制度办事，又能灵活地处理与员工的关系，尤其是与员工保持良好的情感联系，那么就很容易让员工信服。

6 杜绝下属只报喜不报忧的行为

很多人在向领导汇报情况时，喜欢浓墨重彩地讲成绩、讲好事，对于问题与错误，往往轻描淡写，甚至干脆不提。这种做法不仅会妨碍领导者了解真实情况，影响领导者做出正确的决策，还会错失解决问题、化解危机的良机，使小问题变成大危机、大灾难，给公司造成严重的损失。在这方面，有一个典型的案例。

在德国摩登公司的发展史上，曾出现过这样一件事：

一线员工发现公司的大客户跳出了合同，马上给主管打电话汇报："主管，不好了，公司的大客户丢掉了，这直接影响我们的效益啊！"

主管淡定地说："慌什么啊？镇定一点！"说完他马上给自己的上司打电话："经理，市场部出了点问题，一个客户流失了。"

经理说："流失一个客户怕什么，我们公司的客户还有很多，继续开拓市场，争取获得更多的合作。"

正在这时，总裁给这位经理打电话，询问市场开拓情况，经理笑着说："总裁，你放心，市场开拓得很好，一切尽在掌控之中，很多客户都与我们有合作的意向，很快我们就会拿下他们。"

总裁放下电话，非常开心地坐在老板椅上，手里端着一杯咖啡。然而，一个月后，公司召开月销售会议，总裁才得知市场开拓动作一败涂地……

这就是典型的报喜不报忧的现象。英特尔公司的总裁安德鲁·格鲁夫对企业内部报喜不报忧的现象颇有感慨，他说："高层领导有时候直到很晚才明白周围的世界已经发生了变化，老板则是最后一个知道真相的人。"中国管理培训专家余世维更是打趣地说："一天，老板发现门外有人搬东西，出去一看，才知道原来公司倒闭了。"当然，这肯定是夸张的说法，但它由此也说明了下属报喜不报忧的危害。

那么，怎样才能避免员工报喜不报忧呢？除了管理者要乐意听坏消息，鼓励员工报忧之外，管理者还应该积极走出办公室，走到员工中间与员工沟通，走到生产一线去了解实际情况。格鲁夫的做法就是，每天不管有多忙，都会打开电子邮箱，查收来自世界各地的一线员工的汇报。这种汇报是越级的，其真实性更加可信，因此格鲁夫十分重视。

公司的制度是一个巨大的系统，其执行的过程构成了一个前后相互影响的流程。如果流程的前一道执行到位，那么后一道的执行就会轻松很多。如果每一道都执行到位，那么整个流程就会顺畅地运转。相反，如果前一道程序执行不到位，到了后一道发现错误时，就要花大力气、花高成本去补救，往往会事倍功半。因此，牢牢把控制度的每一个操作环节就显得尤为重要。

一家专业从事包装瓦楞纸箱生产的公司，多年以来以产品质量过硬著称，深得客户的信赖，是众多客户争相合作的对象。然而，该企业的发展并非一帆风顺，曾经也出现过危机。

有一次，公司开发了一家新客户，该客户订了 1 万只包装箱，协议规定半个月内交货。公司接单之后，按照正常的生产流程安排生产。然而，在半成品生产过程中，由于工作人员的失误，选用材料错误。而且这一情况在交货前 3 天才被发现，生产部决定重新生产。但他们知道这样一来，要想按期交货已经不可能了。于是把这一情况反映给销售部，销售部马上与客户进行了沟通，客户同意延迟一周交货。

重新生产的过程中，在制作最后一道工序——印刷工序时，由于操作人员没有按照要求对印版进行擦拭和抽检，导致印刷内容模糊不清。这样一来，交货时间再次后延。无奈之下，销售部只好再次与客户协商，客户得知此消息，一气之下要求该公司赔偿损失……

最后，该公司的营销总监亲自登门拜访，与客户协商，客户才勉强同意延后交货，但公司为此也支付了一定的违约金，并且信誉大受影响。

在这个案例中，该公司所以一次次发现问题，一次次违约，关键就在于没有牢牢把控生产制度的每一个操作环节，导致前面出现问题，严重影响后面的执行。看似一起简单的产品质量事故，其实就是由于流程监控不力导致的。可见，每一个环节都十分重要，任何一个环节上出了问题，都会影响整个制度的执行效率。

7 监督与问责，对事不对人

一位管理者问："我们公司有一个骨干员工犯了错误，我想批评、追究他的错误，但怕他接受不了选择辞职；如果我不批评、追究他，我怕他还会犯同样的错误，这样两难的问题该如何解决呢？"

在企业管理中，很多管理者有类似的担忧，他们既想追究员工的错误，又怕员工接受不了。在这种情况下，很多管理者往往会选择做"老好人"，不去追究员工、问责员工。而出错的员工不知道自己错在何处，依然我行我素。这样下去，公司制度的权威性就被挑战了，其他员工甚至会认为，只要对公司有功，就可以重复犯错。

其实，监督、批评与责问是企业管理过程中不可缺少的手段。要想避免批评与问责带给员工不快，管理者就要本着客观公正的原则，做到"对事不对人"，这样才能把批评与问责带给员工的不快降到最低，同时让员工从批评与问责中发现自己的错误，积极地改正，不断进步。

所谓对事不对人，指的是只谈论事情本身，如事情的起因、经过、结果以及评价事情本身。对事不对人的精髓是注重成果、尊重规则，它要求管理者把关注点放在事情和结果上。下面这个案例中的管理者 Robin 就真正做到了对事不对人地批评下属。

2002 年，百度公司正处于快速发展中，一方面他们要面对独立流量带来的用户，另一方面他们还要为与之合作的门户网站提供搜索服务。当时 Dan 主要负责百度服务器的稳定运行，因为百度服务器每天都要承受巨大的访问压力，这个压力已经接近了服务器承载的极限。如果访问人数再增加，就很可能导致百度服务器不稳定，严重影响用户的搜索体验。

然而，恰恰就在这个时候，销售部门新谈了一个门户网站，对方希望马上使用百度的搜索引擎服务。Dan 犹豫了，他知道如果开通这个服务，就可能超出了百度服务器的承载量。但由于种种原因，Dan 没能拒绝这个服务上线。结果连续两天，百度网站的稳定性都很差，用户搜索时经常得不到正常的结果，那个刚开通的服务不得不紧急下线。

对于这一情况，Dan 的上司 Robin 是怎么处理的呢？正当 Dan 惴惴不安地准备接受批评时，脾气暴躁的 Robin 在例会上却没有对他发火，而是平静但很认真地说："Dan，你的职责是保证百度服务的可依赖性，所以这次事故你有很大的责任，你要好好反思，以后不要犯这样的错误了。"

说完这些，Robin 马上把话题转移了，他对大家说："现在最关键的是怎么解决这个问题，赶紧讨论一下。"在讨论中，Dan 说出了自己准备的解决方案，Robin 非常认真地倾听，不时点点头，然后很投入地和他讨论解决方案中的细节。谈完事后，Robin 邀请 Dan 周末一起参加娱乐活动，顿时，Dan 心头的乌云消散了，他能感觉到上司 Robin 对他本人没有任何成见。

身为管理者，批评下属是在所难免的，要想下属接受你的批评，你务必坚持对事不对人的批评原则，否则，就很容易伤害下属的自尊心，令批评的效果大打折扣。怎样才能让下属感觉你对他没有成见，你只是在谈论事情本身呢？很多管理者就是这样做的，他们在批评之后马上对下属说："我批评你是对事不对人，你不要往心里去。"这句话一出口，往往很容易化解员工对管理者的怨恨，这样可以让管理者的批评既有威力，又不至于得罪人。所以，懂得说这句话的管理者是聪明的。

当一个员工抱怨薪水过低时，管理者可以把他调到薪水高的职位，用实际工作说服他，薪水的高低与能力的大小成正比；当员工抱怨得不到升迁时，管理者可以让他和办事能力强的人从事同一项工作，用工作业绩来告诉他，升迁并不是靠运气获得。总之，企业中出现抱怨在所难免，管理者一条条反驳，只要把事实摆出，道理就显而易见。

全球最大的集研发、生产、销售、服务于一体的国有控股专业化空调企业——珠海格力电器股份有限公司，就是靠着

"少说空话、多干实事"的核心价值观一步步壮大的。1993年，刚刚成立的格力电器只是一家默默无闻的小厂，只有一条简陋的、年产量不过2万台窗式空调的生产线。但是，格力人有一个大梦想，那就是缔造全球领先的空调企业。

二十年来，格力电器的这个梦想一直受到社会各界的质疑，部分公司员工也对领导层的好高骛远心生不满。但是，格力人从来没有放弃追求，他们坚持用事实说话，一步一个脚印地埋头耕耘。一个个"世界第一""全球首例"的赞誉，有力地回击了来自四面八方的质疑，也化解了员工心头的不满情绪。今天，格力空调已经实现了梦想，影响力和营业额都稳居世界空调企业排行榜首位。

联想总裁柳传志说："我不会用言语去回应质疑，我只用具体的业绩赢取信任。"的确，口水战没有任何意义，事实才最具有说服力。当牢骚和不满向管理者袭来时，明智的管理者都能够摆出事实，让抱怨者心服口服，且自觉地消除牢骚；失败的管理者则试图用道理说服，结果自己口干舌燥，抱怨者反倒更不耐烦。所以，当员工乱发牢骚时，管理者就应该用事实去堵上他们的嘴。

8　莫让问责走过场，一定要落到实处

有一家公司，为了加强上班纪律管理，便实行上下班签到制。刚开始，迟到早退的现象有了一些改善。可是，随着

时间的推移，迟到早退的现象渐渐多了起来，弄虚作假的现象也经常发生，比如，员工之间相互代签。不是有制度的规范吗？为什么迟到早退现象越来越严重呢？

有人说，这是因为个别迟到早退的员工没有受到应有的处理，有人说，这是因为弄虚作假的现象没有得到惩罚，还有人说，是上下班签到制不合理……真是这样吗？其实，这些不是根本原因，真正的原因是上下班签到制出台之后，公司没有委派负责人来监督制度的执行。所谓监督，是指当有人违反制度之后，负责人要按制度规定，对迟到者进行处罚。但是在上面的例子中，我们始终不知道谁是监督者，谁是执行者。

当一家企业的制度没有制定监管者时，那么，公司领导者就是约定俗成的监管者，当他出现在办公室时，大家都会乖乖地遵守制度，当他不在公司时，那么大家就会为所欲为起来。在这种情况下，不是制度在约束大家，而是管理者在约束大家。可问题是，管理者经常忙里忙外、不在公司，那么谁来监督制度的执行呢？如果没有监督者，员工是不可能自觉地执行的。

IBM前总裁郭士纳说过："员工不会做你希望的，只会做你监督和检查的。"这句话道出了管理的精髓，即检查和监督是促使员工把制度落实到位的关键一环。如果监管不力，那么制度就无法产生威信。只有做好监管，敢于问责，才能及时把违反制度的情况纠正过来。

德国纽豪斯电器公司是一家十分重视工作监督的企业，

总经理纽豪斯认为，监督是保证执行效果的重要手段。在公司里，小到一张票据，大到百万欧元的项目研究，他都要求相关部门做好监督工作。

有一次，为了改善员工宿舍的生活条件，后勤部的员工马克在公司的安排下采购了一批电风扇和凉席。由于这些用品是在小商店购买的，那家小商店没有正规的商业发票，因此，只给马克一张等额的餐饮票代替。

马克原以为只要面额相等就可以，但是公司的财务部却对马克说："这个餐饮票据无法起到正规发票的作用，你必须找商店补办合格的发票。"最后，马克费了好大的劲，才拿到正规的发票。

如果同样的事情发生在中国企业，擅长变通、灵活处事的中国人一定会说："只要面额相等，什么样的发票都可以。"但是在坚持原则，按规矩办事的德国人眼中，这种事情是不允许发生的。例子中就是通过监督才发现了问题的所在，如果没有财务部门的认真监督，这种"滥竽充数"的现象就会更多。

不仅在执行制度方面，需要有力的监督和问责，在具体事项的执行过程中，管理者也应该做好监督工作。当前，企业中存在不少"半截子"工程，即管理者把任务布置下去之后，由于缺少有力的监督和过问，下属在执行中遇到困难之后，就把工作搁置起来，最后不了了之。等到管理者想起那个工作任务，找到下属询问执行情况时，才发现工作没有执行到位。

还有这样一种情况，由于缺少了监督、把关，有时候管理者布置给下属的工作，下属并未按照领导的意图去执行。在这方面，有一个典型的案例：

格里·奈特是美国著名的演说家，他曾讲述两件发生在自己身上的事情：

奈特前后有两名助手，一个叫琳达，一个叫艾米。8年前，奈特前往多伦多参加一个会议。在芝加哥换机时，他给助手琳达打了一个电话，以确认琳达是否把工作安排妥当："琳达，我演讲的材料送到多伦多了吗？"

琳达说："6天前我就已经将材料寄出去了。"

奈特问："他们收到了吗？"

琳达说："快递公司说他们保证两天后送到。"

尽管如此，奈特还是有点不放心。虽然表面上看，琳达做了自己该做的工作，甚至提前把资料交给了快递公司，但是在多伦多会议主办者收到资料之前，意味着这项工作没有执行完毕，意味着还有不可预知性。

结果，当奈特赶到多伦多的会场时，得知他的材料还没有送过来。为此，他只好将材料上的重要话题推后，直到材料送到。

8年后，奈特再次前往多伦多参加会议，同样是在芝加哥转机，他想起了8年前的经历。于是他拨通了艾米的电话："我的材料到多伦多了吗？"

"那边的会议负责人说，你的材料3天前就到了。"接着，艾米又说："对方说，听众人数可能比原来多400人，为此，我多寄去600份材料，这些材料也已经寄到了。"

艾米还补充道："对方问我，您是否希望在演讲的时候，听众手中都拿着你的材料。我告诉他，你通常是这样做的，但是这是一个新的演讲，我不确定你会怎样做。如果你不同意听众拿着你的材料听你演讲，你可以给对方打电话，我这里有他的电话，你可以记下来，随时跟他联系……"

听了艾米的一番话，奈特彻底放心了。

这则故事充分说明，一流的执行必须要有一流的把关。要想员工执行到位，管理者就要做好把关和监督工作，在琳达身上，奈特的监督不够，导致执行出现了问题。但是在艾米身上，由于她是一个具有前瞻性的执行者，奈特在监督和把关中没有发现问题。但这并不意味着监督是多余的，事实上，并不是每个执行者都像艾米那样考虑周全，如果下属执行不力，管理者通过监督就能及时发现问题，避免执行出现重大偏差。

此外，在监督别人、问责别人的同样，管理者也要有强烈的自我问责意识。曾子说："吾日三省吾身。"强调的就是自我反省。管理者应该时刻自省，当出现问题时，要反思自己的责任，扛起必要的责任。只有这样的管理者，才能真正在下属心目中树立威信。

10

高绩效是"淘汰"出来的，做管理就是要稳准狠

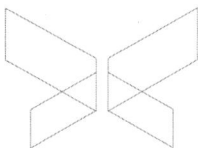

在军队管理上，有一句流传甚广的古训叫"慈不掌兵"。用著名军事大师孙子的话说，就是"厚而不能使，爱而不能令，乱而不能治，譬若骄子，不可用也"。由此可见，慈不掌兵不是对士兵没有仁爱之心，不是对士兵凶狠残忍，而是不能对士兵仁慈过度、一味放纵。作为老板，该对员工严格的时候要严格，该狠心的时候不能心慈手软，这样才能消除企业发展过程中的一切消极因素。

1 拉不下面子是老板的大忌

多年之前，曾有这样一篇报道：说某大学教授的收入，竟然不及大街上卖茶叶蛋的老太太。当然，这并不是让教授去卖茶叶蛋，教授也不可能真的去卖茶叶蛋。不过，当时针对这件事很多媒体展开了激烈的讨论，主题是"面子"与"票子"哪个更重要。

中国人好面子，做老板的更好面子，有时候说个"不"都会思来想去，犹豫半天。看到员工一而再、再而三地犯错、违规，却拉不下脸批评员工。殊不知，这样的放纵是在害员工，害企业，是在给自己埋祸根。因此，老板们有必要考虑一下"面子"与"票子"的问题。

不知道你是否遇到过这样的情形：

你在公司的走廊上与一位员工不期而遇。员工停下脚步，对你说："哎呀，老板，好不容易碰上你，有个问题，我想请示你一下。"接下来，员工开始滔滔不绝地向你汇报问题。尽管你马上要去见一位大客户，但是你却不好意思打断员工。你看似在认真倾听，实际上却心急如焚，因为这个客户非常重要。结果，你因为拉不下面子拒绝员工，最终耽误了见客户，给客户留下了很不好的印象，甚至有可能丢失一笔大单。

类似这样的事情其实很常见，对老板而言，时间就是金钱。在你忙碌的时候，千万不要让员工耽误了你的时间。所以，面对员工的提问时，你最好不要做问答题，而应该做选择题。这样可以为你节省时间，也可以启发员工开动脑筋思考。有位老板是这么做的。

一天，闫老板的一位下属找到他，说："老板，我有一件事请示你该怎么办。"接着，他开始把这个问题汇报一番……闫老板一边听，一边点头，几分钟后，他对下属说："这件事很重要，我很想听听你的意见，你觉得该怎么办？"

下属说："老板，我也不知道该怎么办啊，所以才请你救援。"

"不会吧，我知道你的能力，你一定能找到更好的办法。这件事我一时半会儿也拿不出方案，而且我正好有急事，你去思考一下，多做几个方案，然后我们一起讨论。如果你实在想不出来，可以和其他同事讨论。"

第二天，下属如约而至，拿出了多种不错的方案，闫老板从中选择了一个最理想的方案。

在这个案例中，闫老板既巧妙地拒绝了下属，同时又肯定了下属、激励了下属，下属在他拒绝、肯定之后，开动了脑筋，可谓一举两得。

老板一定要认清一个问题：老板不是全能选手，不可能什么事情都懂。面对自己不懂的问题，不妨巧妙地拒绝，千万别不好意思。你甚至可以放下面子，直接对员工说："这个问题我不懂，你再想想办法。"

要知道，拉不下面子是老板的大忌。以上面的故事为例，假如你忙碌、假如你不懂那个问题，还要硬着头皮苦撑着，既浪费了自己的时间，又搞得自己心力交瘁，何苦呢？有时候，因为老板拉不下面子，还可能给企业造成严重的损失。

小程是公司的一位骨干。一天，他找到老板金先生聊天，说："老板，如果一个员工对公司有很大的贡献，而且对公司忠心耿耿，还是个老员工，你会不会借钱给他？"金先生没有任何犹豫，说："我肯定会借钱给他。"

小程谦虚地说："我也算得上是公司的一个骨干员工，我最近遇到了困难，想找公司借点钱。"

金先生忙问："什么事？你尽管说。"

小程说："我媳妇儿要生孩子，我手里有点紧，你能借1万元钱给我吗？我两个月后就还给你。如果没还，你就从我的工资里扣。"

金先生一想：员工有困难，怎么说也要帮一帮。于是爽快地让财务支给这位员工1万元。

两个月的期限到了，小程主动找到金先生："老板，真的不好意思，有了孩子后，我感到钱太不经花了，我现在没法还你钱了，请你宽限我几个月，也不要扣我工资好吗？"

金先生心想：既然人家有难处，就宽限几个月吧！他没把这件事放在心上。

过了一段时间后，小程找到金先生，一脸哭相地说："老板，我想找你帮个忙。"

"什么事？你说。"

"我媳妇儿生病了，要动手术，你能借我5万元吗？"

金先生这次并不想借，心想：你上次借我1万元还没有还呢？怎么又借钱。但转念一想，如果不借，员工会怎么看自己？于是他陷入了犹豫。小程见状，马上哀求起来，这让金先生非常于心不忍，所以他答应了。

没过多久，小程突然不来上班了，金先生给他打电话他也不接。这时金先生才意识到借出去的6万元打水漂了，因为当时小程根本没有打借条。

老板不狠，公司不稳。对于下属提出的要求，老板要视情况而定，随便借钱给下属，而且数目巨大，是不明智的。因为公司发展需要大量的流动资金，公司缺少资金，就像人缺少血液一样，不利于健康成长。所以，老板要敢于拉下面子说"不"。

老板千万不要认为员工迟到、请假、懒散、借钱等等都是小事，就睁一只眼闭一只眼，就顺从员工；也不要因为自己不好意思批评员工就忍气吞声，一味放纵员工。要知道，千里之堤毁于蚁穴，细节可以打败一个公司。如果你想把公司做大做强，就应该拉下面子，清除一切消极因素。

2　不淘汰平庸的员工，是对奋斗者的不负责任

不想当将军的士兵不是好士兵，同理，不想当领导的员工也只会永远平庸。好的下属是完全具有可塑性的，但要想将这些员工培养成卓越人才却并不容易。企业要想做大做强，必须要培养一批精兵强将，因此，管理者在培养员工的过程中，必须毫不留情地淘汰那些平庸者，这既是对企业的未来负责，更是对奋斗者的肯定。

不少管理者经常面临这样一个问题：到底该如何解雇那些"鸡肋人物"？一般来说，这些人工作还算努力，懂礼貌，善解人意，甚至在公司里面还有着不错的口碑，然而他们在工作中却经常犯错，哪怕是多次提醒依然不见什么起色。对于这样的人，解雇起来需要很大的勇气，但为了企业的发展，却不得不淘汰。

阿丽是某科贸公司的经理，最近公司新来了一位女员工，人长得漂亮，性格活泼可爱，但却令她头疼不已。该员工在通过单位两个月的试用期后，看起来似乎工作十分努力，但在业绩上却平平庸庸，每次都是打着最低考核标准的擦边球。起初，阿丽认为该员工可能是由于还未融入企业的环境，所以才会业绩平平，毫无起色。

为了帮助她提高业绩水平，作为经理的阿丽专门给她安排了一位经验丰富的老员工，但转眼 3 个月过去了，该员工

的工作状态丝毫没有改变，还是老样子，更令阿丽头疼的是，她完全是在被动机械地工作，根本毫无工作积极性，这样又怎能把工作做好呢？为了帮助这位员工提升业绩，阿丽专门找她谈话，并给予其精神上的支持与鼓励，并许诺，只要她能够超额完成工作任务，一定会给予其丰厚的物质的奖励。

然而，阿丽的办法似乎没有一点作用，该员工还是老样子，甚至工作业绩还有下滑的趋势。总是这样通融一个平庸者，难免会让那些业绩优秀的员工感到不公。出于这个层面的考虑，阿丽毫不留情地解雇了这名能力平庸的员工。

实际上，每个企业都有工作能力平庸者，他们整天不思进取，上班就是"磨洋工"，拿工资混日子。如果不淘汰这类员工，那些优秀员工难免会产生"不干活也这样，干这么多活也这样，那我为什么非要这样拼命努力呢？"一旦员工们有了这种想法，那么企业的整体工作效率必然会降低。

身为企业管理者，由于平时的日常管理工作纷繁复杂，所以即便是有三头六臂，也很难做到面面俱到，产生或多或少的遗憾也是在所难免。明智的领导者，不会因为无关紧要的事而患得患失、耿耿于怀，只要所做之事，对企业来说利大于弊，他们便会坚决执行，绝不会因为小小的损失而忧虑。

疏而不漏，危急关头绝不手软这正是企业界成功管理人的共同之处，人的精力是有限的，要想管好一个偌大的企业，就必须要抓住重点，抓住关键点。俗话说，做大事者不拘小节，如果凡事斤斤计较，过于在乎那些细枝末节，那么，势必会丢掉大局，从而给企业造成更大的损失。

人们常说，"铁打的营盘，流水的兵"，一个企业从小到大，既有不断加盟的优秀人才，也会有人陆续离开，这是十分正常的事情。号称"中国企业教父"的柳传志，在用人这件事情上看得开，时刻牢牢把握着大局，对于那些不正常的现象，他从来不会过分忧虑，这也正是他获得成功的一个重要原因。

在联想有不少元老级别的员工当初跟随柳传志一起创业，在大家的共同努力下，联想从一个几百万年销售收入的普通企业，迅速成长为年销售额超过百亿的知名品牌。然而，天下没有不散的宴席，从倪光南、吕谭平、孙宏斌到杨元庆、郭为，一个个重量级人物的离开并没有让柳传志有任何忧虑。

在他看来，企业发展需要新陈代谢，这种新陈代谢的规律注定会有元老人物退出。只要把握住了这一大局，那么便不会因为新老员工的交替而忧虑。尽管陆陆续续有人离开，但柳传志始终都是气定神闲，一步步筹划着企业的发展，一步步引领着大家把联想发展壮大。

好不容易培养起来的骨干离职了，与自己一起并肩作战熬过困难时期的老伙伴离开了，原本重点培养的下属突然跟不上团队的发展了……在具体的管理工作中，总是会出现这样或那样的遗憾，即便是再优秀的管理者也很难做到尽善尽美。

在现实生活中，绝大部分管理者在骨干离开公司后都会陷入患得患失之中，实际上，不淘汰平庸的员工，完全是对奋斗者的不负责任。人才掉队并不是什么遗憾事，而是一种常态，企业对人才的需求本身就是"喜新厌旧"的，所以有人离开很正常。作为企业管理者，不必为此而担忧，越是这种危急关头越是不能手软，学会处理"掉队者"才是正确的应对之策。

3　坚决做到"能者上、庸者下、平者让"

海尔集团的创始人张瑞敏曾说过一句名言："能者上，庸者下，平者让。"当你发现人才的学历与他的能力不匹配，当你发现人才空有学历，没有能力或能力不足时，管理者有必要以人才的能力为标准来择良木而用之，而人才的能力最好的体现就是他的工作业绩。所以说，员工会干事才是企业发展的硬道理，会干事才是优秀人才的主要标准。

企业用人，应该做到"能者上、庸者下、平者让"。所谓"能者上"，是指给有能力的人合适的岗位，让他们有机会充分发挥自己的聪明才智；所谓"平者让"，"平"是指业绩平平，对于这种人，管理者只好让他们让位，让位给更优秀的人才。

比"平者"更让企业烦恼的是"庸者"，他们要么能力低下，要么工作态度糟糕。总之，他们不能为企业创造效益，还可能给企业带来负面影响。对于这种员工，管理者应及时向他们亮红牌。

什么叫"亮红牌"呢？看过足球比赛的人都知道，当一个队员严重犯规时，裁判员会向他出示红牌，将其罚下场。在企业里，当员工犯了严重错误，或违反了公司的规章制度，或能力低下，无法适应工作需要时，充当裁判角色的管理者就应该立即站出来公正执法，向这类员工出示红牌，礼貌地请他们离开。要知道，如果不及时请他们离开，对他们心慈手软，最终会伤害企业的利益，这可是管理者的失职。

某公司有一位35岁的会计主管，他虽然有一定的能力，但是工作态度消极，对什么工作都提不起兴趣，还经常违反工作制度，不把上司的批评放在眼里。后来，公司发展规模进一步扩大，公司对会计主管的要求更高，他开始无法适应新的发展形式。

终于有一天，老板做出行动了，他先让人给会计主管分配清理旧账及合同管理等工作，没想到他还故伎重演，不肯接受工作分配。老板得知这一情况后，决定向这位会计主管摊牌："感谢你这些日子为公司做出的贡献，不过坦白地说，如今你已经无法适应企业的发展，而且你的工作态度并不招人喜欢，公司决定解雇你。"

之后，通过人力资源部经理与这位会计主管沟通协商，公司与该员工达成了解雇协议，他接受了公司的裁员决定。

员工的能力怎么样，一般在招聘人才的时候可以大致判断，也有一些员工的能力要通过实际工作来判断。一般来说，新员工有三个月的试用期，在这个三个月中，其能力怎样大致能看出来。对于能力低下的员工，企业无需拖泥带水，而应及时向其亮红灯。

一个人的工作能力是不太容易变的，要变也只可能变得更强，而一个人的工作态度是容易变的。当一个有能力的员工失去良好的工作态度时，他无疑成为了"能力低下者"。因为对企业而言，无法为企业创造价值的人就是能力低下者。

有些员工原本能力很强，在自己的职位上兢兢业业地工作，业绩也很突出，但是后来"变质"了，变得不安分守己，开始无视公司制度，直接沦为了一个庸才。对于这种人，管理者有必要及时向他亮红灯，及时清除出公司。

通常来说，企业都会有一套完整的人事体系，对于什么情形下可以与员工解除雇佣关系，合同上都有着比较明确的要求。管理者要善于借助这些制度，来清除那些平庸的员工。此外，在人员招聘时，要尽量避开那些没有培养价值的人，只有这样才能从根源上减少平庸者的数量。

其实每个员工都希望自己能得到上司的肯定。从本质上讲，领导如果将鼓励给予部下，就像将食物给予饥民。如果能够随时随地体察部下最需要、最关切的东西是什么，而且可以毫不吝啬地给予，那么必然能够轻而易举地赢得他们的忠诚与拥戴。所以，管理者切忌以成败论英雄，及时肯定员工价值，才是收服人心的法宝。

肯定员工价值的方式是多种多样的，我们既可以在日常工作中向那些工作杰出的员工表示感谢，也可以深入基层去倾听那些下属的心声，还可以鼓励那些员工提出自己的想法与见解。此外，对优秀员工进行表扬、奖励以及升职等也是现代企业管理中最常用到的方式方法。

洛克菲勒的创业老臣、高级行政副总裁贝特，曾因为不慎导致在南美的投资失败。面对下属的严重失误，作为最高管理者的洛克菲勒，并没有问他到底是怎么回事，反而充满鼓励地说："贝特，我们刚刚知道你在南美的事情。"这种肯定下属价值的态度令贝特不胜惊异，他完全没想到自己的上司会这样说，还以为洛克菲勒一定会责难自己，并且已经准备好了诸如"这实在是一次极大的损失，我想尽办法才保存了60％的投资"等说辞。

但上司根本没给他辩解的机会，而是直接拍着他的肩膀肯定道："这已经非常不错了。要不是你处置有方，哪里能保全这么多呢？你干得竟然是如此出色，早已经在我们意料之外了。"在一个本该责备的时候洛克菲勒却一反常态，非常诚恳地换成一种肯定，一种正面的鼓励，这是一种非常高明的做法。

试想，如果洛克菲勒言辞处理不当，因一次失误就对贝特大加指责，那么对方很可能会一怒之下辞职，甚至是另起炉灶与之争雄，这样一来，洛克菲勒不但会有失臂之痛，还会平白无故地多出一个劲敌。短短几句肯定对方价值的鼓励，就轻而易举地化解了一次潜在的危机，这种明智的做法十分值得我们学习和借鉴。

要知道，只有肯定员工的价值才能赢得他们的好感，对于企业管理者来说，这是一种博得下属好感与维系好感的有效方法，但其具有的深远意义恐怕还远不止于此。领导给下属以肯定与信任，对方自然会报以感激，从而以更加积极的状态投入到平时的工作中，这对于提高企业的整体效率是有好处的。

4　坚决不用与公司核心价值观不一致的人

中国人有门户之见，结婚的时候讲究门当户对，所谓郎才配女貌、才子配佳人。其实，企业与人才也要讲究门当户对，要看双方的价值观是否匹配，看员工是否认同企业的价值理念、行为方式、行事风格。如果员工不认同企业的核心价值观，那么再优秀的人才也坚决不能用。

有一次，杜邦的管理者招聘一个工程师、一个出纳员。管理者向工程师提了一个问题："快下班的时候，如果厂房里有台机器需要维修，如果加班，公司给一个人一天补助100元，如果你是这个班的班长，你会派两个人去维修吗？"对方回答："为了节约公司的成本，我肯定只派一个工程师去维修。"

接着，管理者向出纳员提出了一个问题："如果公司发生了大火，你的第一动作是什么？"对方回答："出纳员的职责是保护账目和资金，我的第一动作当然是把账目和资金放进保险柜，然后再跑。"

结果这两位应聘者都没有被录用，原因不是他们的专业能力不合格，而是因为他们的价值观与杜邦公司的核心价值观不同。杜邦公司的价值观是安全、道德、环保和尊重他人，如果维修机器，一定要两个人一起去，而不要一个人干；如果发生火灾，第一时间应该跑，钱可以不要。因为如果没有人，有钱也没用，这就是杜邦的价值标准，也是雇佣员工的一个条件。

中国的很多企业讲究集体利益高于个人利益，讲究节约成本，为企业省钱的员工会得到嘉奖。这就是不同企业的核心价值观，这种价值观很大程度上来自于企业老板、高层管理者的价值观、行为方式。说到底，这就是企业判断一件事情的是非标准。

企业的核心价值观没有好坏之分，它是大多数人认同的，如果一个员工不认同你公司的价值观，那么他与你公司就"门不当户不对"，你们就没有合作下去的基础。在企业发展的过程中，老板一定要明确，什么样的人不能用，一定要把不合适的人请下车。

伊藤雅俊是日本伊藤洋货行的董事长，他经营企业以严谨著称。在用人方面，他坚决不用与企业核心价值观不一致的人。在管理企业的过程中，他一向要求员工不要居功自傲，要忠诚敬业。如果员工的言行与此相违背，他会果断地将他们除名。被他除名的不乏许多经营天才，岸信一雄便是其中一位。

岸信一雄原来在东食公司任职，对食品的经营颇有心得。

他的到来，为伊藤洋货行注入了一股活力。在十多年的工作中，他为公司做出了巨大的贡献。正因为如此，他一直比较自以为是，对自己的言行比较放松，而且在一些经营观念上与伊藤雅俊有分歧。在人际关系方面，他也变得放任起来。

岸信一雄的表现与伊藤雅俊严谨的管理风格产生了巨大的反差。伊藤雅俊无法接受岸信一雄的做法，他要求岸信一雄约束自己的行为，改善工作态度，但是岸信一雄不屑一顾。他对伊藤雅俊说："难道你没看到我的业绩一直在上升吗？为什么我一定要改变呢？"

伊藤雅俊知道，岸信一雄的价值观与企业不同，这是不可改变的。他认为，如果企业中开始形成一种习惯势力，出现管理真空，那么任何绩效都无法挽救企业灭亡的厄运。因此，他只好忍痛将他解聘。这一消息传出后，很多人都感到震惊，还有不少人替岸信一雄求情，但是伊藤雅俊告诉那些人："秩序与纪律是企业的生命，不守纪律的人一定要处以重罚，即使会因此而减低战斗力，我们也在所不惜。"

企业不是原始丛林，员工也不是海盗强盗，员工必须认同企业的核心价值观，必须按章法办事。日本经营之神、松下电器的创始人松下幸之助曾经说过："如果你犯了一个错误，公司是会饶恕你的。然而，你背离公司的原则就会受到严厉的批评，直至解雇。"

管理咨询师汪中求说过这样一句名言："不合适的员工不放弃，市场就会放弃你的企业。"一个员工如果不认同企业的核心价值观，他就不会有高效的执行力，企业就不会有核心竞争力。皇明集团董事长黄鸣先生也是这么认为的，他就曾果断地辞退了公司中不认同企业核心价值观的员工。

中国最大的太阳能企业——皇明太阳能集团，是一家民营股份制企业集团，创立于1994年，当时公司只有七八个人。如今，已经有4000多名员工，品牌价值高达51亿元。然而，在2000年至2003年期间，皇明公司的业绩回落到15%至17%的增长幅度。这个时候应该保守前进，还是应该大胆改革呢？为此，黄鸣先生做了一个艰难的选择，最终他决定改革。

对于公司中出现的"反对派"，比如一些有能力、有经验，对企业文化不认同的人，黄鸣先生决定分批辞退。最终，辞退了1000多人。黄鸣告诉大家："如果大家不认同公司的价值观，不换脑筋就换人。"

杰克·韦尔奇在中国讲学时，曾经说过一句话："什么样的人企业坚决不能用呢？那就是有业绩、有能力，但是不认同公司文化和企业价值的人。这样的人坚决不能用，坚决不能让他们待在公司，更不能让他们进入公司的高层。"因此，狠心一点吧，员工若不换脑筋，你就要坚决换人。

5 要不断地给自己的下属上"发条"

在美国麻省学院曾经做过这样一个实验：

实验人员用铁圈把一个小南瓜箍住，然后观察南瓜的成长情况，想知道这个南瓜能承受多大的压力。最初实验者估计，南瓜最多能承受 500 磅的压力。一个月后，南瓜承受住了 500 磅的压力。两个月后，南瓜承受住了 1500 磅的压力。当南瓜承受的压力达到 2000 磅时，研究人员不得不加固铁圈，以防南瓜把铁圈撑开。最后，研究人员发现，南瓜承受的压力超过了 5000 磅才开始破裂。

这个南瓜实验让我们想到了人，人到底能承受多大的压力、多大的挑战，我们常常毫无概念，也难以估测。其实压力也是一种动力，可以催人奋进。所以，企业要想高速发展，老板就有必要不断给员工上发条。就像钟表一样，上紧发条之后，才能分秒不差地走。员工上紧了发条，才能不拖延、不懒散地把任务执行到位。

有些老板对员工比较仁慈、宽厚，要求员工做好本职工作时不给时间期限、不注重工作质量，全凭员工自觉执行。碰到自觉性好、责任感强的员工，他们可能力求高效完美地执行。但是大多数员工往往会这样：一件事情本可以 1 个小时完成，员工却拖了两天甚至更久；一件事情本可以做到 100 分，员工却只做到 60 分甚至更低。长此以往，员工的激情得不到激发，员工的积极性没被调动起来，员工的潜能、才华在沉睡中萎缩。试问，这样怎么可能打造一只铁军呢？怎么可能练出精锐之师呢？

想一想南瓜，再想一想你手下的员工，你是不是应该给他们施加一点压力，对他们要求更高一点呢？你是不是应该激发他们的斗志，调动他们的积极性，让他们更高效地工作呢？要知道，适度的压力是员工前进的动力，也是企业保持高速发展的动力。

那么，怎样对员工施加压力、给予激励呢？下面几点建议值得参考：

建议1：制定科学的绩效指标

一般来说，员工的压力来源于绩效指标。绩效指标是否科学，决定了是否能给员工制造压力。如果绩效指标过高，员工完不成指标，就会很受打击，工作激情会被打压，还会产生消极的情绪。指标过低，员工轻易就能完成，员工就感受不到压力，就可能放松自己。这两种情况对企业的效益都是不利的。理想的状况是，制定一个科学的、让员工跳一跳能摸得着的绩效指标。这样员工才不会放松心里的那根弦，从而严格要求自己，努力做好本职工作。

建议2：下达任务要规定适当的期限

老板给员工布置一项工作时，应该事先估测一下完成这项工作需要多少时间。同时，问一下员工："你觉得多久可以完成？"两者结合起来，定个时间，让员工在规定的时间内完成。若是超过了这个期限，应该给员工一定的惩罚。

遇到一些工作态度不认真的员工，老板的语气可以加强一点："这项工作必须在两天之内完成！""无论如何，这项工作也要在下周一12点之前完成，希望你不要让我失望。"在这个期限中，老板还可以询问员工工作的进展情况，以示督促。

建议3：布置任务时要强调工作得失

老板与员工研究一项工作时，向员工下达任务时，给员工压力的同时，不要忘了给员工激励和看得见的"甜头"。比如，你可以对员工说："这件事如果你做好了，会给公司带来很大的利润；如果你没做好，你这个月的奖金可能就会泡汤。当然，我相信你一定能做好，才把这个艰巨的任务交给你。"

通过利益制衡得失，可以给员工施压，使员工提高重视，也让员工感受到领导的器重。注意，除非万不得已，不要以"解雇员工"作为员工失败的后果。因为这种代价太大，会给员工造成过大的压力，会使员工失去安全感，不利于员工充分发挥自己的才能。

建议4：加强监督，不断给以鞭策

有些老板把任务下达给员工之后，就在那儿等待员工汇报成果，结果令自己很失望。员工拖拖拉拉，耽误了时间不说，还把简单的事情做得一塌糊涂。而主动自觉地以最快的时间、最好的质量完成工作的员工，实在是少之又少。因此，监督、鞭策员工是必不可少的。

监督、鞭策员工的方式有两种，口头上的和行动上的，老板最好把这两者配合起来。为了表达对员工的信任，老板不宜时刻直接过问员工的工作进度，否则，员工会觉得自己被监视了。老板可以让员工每天做工作汇报，以便及时掌握进度、发现问题，从而提高员工的执行效率。

6 对于不知好歹的人不必一味退让

俄国著名的文学家普希金笔下曾描写过一个贪得无厌、不知好歹的渔婆。她一次次地逼渔夫向金鱼提要求，从要求金鱼给她一个好的木盆到一座宫殿，从要求金鱼给她温饱生活到锦衣玉食，一次次贪得无厌，最后终于一无所有。

现实中，有些员工自认为是企业的技术骨干，于是置领导对他们的关照于不顾，不知好歹地漫天要价，以为企业离开自己就无法运转。碰到性格懦弱的老板，也许他们能够得逞一两次，但是若碰到性格刚毅、做事讲原则的老板，他们往往是自取其辱。

上海有一家电子企业非常重视员工的技能培训，公司每年投入大笔资金来培训一批生产线上的骨干，这一举措大大提高了员工的素质，使生产效率大大提高，一时间订单不断，利润大增。

老板非常欣喜，对这批骨干宠爱有加，经常请他们吃饭，频频给他们加薪，过年过节还给他们红包，平日里对他们嘘寒问暖。按理说，员工应该感激这样的老板，毕竟人家器重你，既给你加薪，又在精神和情感方面对你十分关照，碰到这样的老板，乃是人生一大幸事。

然而有一次，那个技工工头在酒后萌生了一个念头："我手下有一批骨干，老板离不开我，我为什么不敲他一杠呢?"于是，他暗示老板给自己加薪，结果老板爽快地答应了。从那以后，这个工头认为自己掌握了老板的命脉，于是频频公开要求加薪，老板若是不答应，他就带着一帮骨干消极怠工，甚至以集体跳槽相威胁。

最让老板感到愤怒的是，工头竟然在外商前来验货的时候在产品上做了手脚，使企业形象大损，还失去了一个重要的客户。老板忍无可忍，只好把这批技工全部辞退了。

中国人讲究"投桃报李"，老板器重你，对你好，主动给你加薪，这原本是一件非常开心的事情，但是你却不把老板的好放在眼里，得寸进尺地向老板提出过分的要求，这不是太过分了吗?

身为企业老板，在面对这种不知好歹、不懂感恩的员工时，千万不要步步退让，该狠时就要狠一点。否则，你将会被员工牵着鼻子走。你要知道，地球离了谁都可以照样运转，企业离开了骨干员工，一样可以运营。当然，在你辞退员工之前，最好做好心理准备，以免把自己逼到狼狈的境地，给公司带来不可估量的损失。

赵老板手下有一个女采购员小菲，小菲的工作能力很强，经常能以更低的价格进购公司需要的产品或原材料。赵老板对这个采购员十分赏识，经常给她加薪，还给她带薪休假的福利。没想到，他一次次向员工示好，小菲却贪得无厌。

有一次，小菲找到赵老板，开门见山地说："老板，该给我加薪了。我的能力怎么样，你心里最清楚，如果你觉得我行，你就给我再加 3000 元的基本工资。如果你觉得我不行，那我马上走人。"

赵老板很清楚小菲的能力，她虽然是初中学历，但是在公司里，采购能力却是首屈一指。而赵老板对她也不薄，给她的基本工资比所有本科生的基本工资都高。现在她的工资是"基本工资 4000 元 + 业绩提成"。上个月已经给她加了500 元的基本工资，她每个月的业绩提成也不少，上个月仅提成就 5000 元。

赵老板思考了片刻，终于开口了："小菲，我上个月已经给了加薪了，而且平时我待你不薄，你要请假，我每次都准。我每年还给你两次长达一周的带薪休假的福利，这些好你都看不到吗？两个月前，你没去看工厂就和对方签了合同，并让公司支付了原材料定金，结果对方收了钱就不理人，被对方骗去了 10 万多元。到现在一分也没拿回来，这我都不追究，你现在还要我给你加薪，一张口就要求加薪3000 元，你把我当什么了？你觉得自己不可替代是吗？你觉得我软弱可欺是吗？今天我把话放在这里，你加薪的要求我不答应，你如果愿意干，就留下来，我就当这件事没发生过。如果你不愿意干，那我也不留你。"

小菲被赵老板这句话震住了，吃了个闭门羹，灰溜溜地走出了赵老板的办公室。小菲没有因加薪不成而离职，倒是赵老板私下开始物色优秀的采购人员来替代小菲，一个月后，赵老板找到了优秀的人才，然后毫不留情地辞退了小菲。

俗话说："做人要厚道。"人是感情动物，对待那些对我们好的人，我们都会产生报恩的心理。即便在现实的职场，即便不说报恩这事，至少内心会有一点感激。如果你发现员工丝毫没有感恩之情，是个没良心的贪得无厌之人，那么你不必一味退让，赶紧物色合适的替代者，然后尽快将渔婆型的员工辞退。

作为老板，作为企业管理者，你的内心要有一杆秤，员工的能力如何，你给员工的薪资如何，这两者之间如果匹配，而且平时你对员工比较照顾，在这种情况下，如果员工还不知好歹，那么你还有什么好心软的呢？赶紧强硬起来吧，绝不要做一个被员工操控的管理者。

7　坚决清除那些吃回扣、手脚不干净的人

一个人只有两只手，但有些人有"第三只手"，为什么他们会多出一只手呢？因为他们要用这"第三只手"去拿回扣、收黑钱，牟取私利。比如，有些采购人员在购买原材料时，谎报价款，私吞公司的货款。明明买材料只花15000元，他却弄虚作假，上报20000元的货款单，自己私吞公司的5000元钱。

有一些销售人员在推销产品时，也会用"第三只手"牟取私利。如，公司规定产品售价不得高于500元，员工却把产品卖到700元，自己私吞200元。还有一些销售员要求客

户给"好处费",严重损害了公司的形象。

员工吃回扣、收黑钱等手脚不干净的行为对企业的危害是无穷的。它会严重影响公司声誉,损害公司的利益。从长远发展来看,企业失去了客户的信任和支持,还有什么发展前景呢?

姜鹏是一家大型纺织厂的采购员,虽说他是一名普通的采购员,但由于公司的产品产量较大,每个月姜鹏都要采购数额不菲的原材料。由于他的业务能力不错,人又机灵聪明,所以他在公司混得风生水起,进公司不到两年,就买了房、买了车。

一个小小的采购员,收入有那么高吗?怎么又是买房、又是买车?按理来说,采购员的工资也不是很高,按姜鹏的工资收入来计算,他两年的收入根本不够买房、买车。那他的钱到底是怎么赚来的呢?

刚才不是说了吗?姜鹏是一个机灵聪明的人,他的能力很强,工作期间签下了几个大的原材料供应商,对方提供的原材料质量好,价格优惠。但是姜鹏却没有跟公司说实话,每个月采购原材料时,姜鹏都会谎报原材料的价格,然后私吞公司的货款。

要说姜鹏这么做已经够过分了,弄不好被公司发现了,一只诉状就能让他到监狱里蹲几年。但是姜鹏野心勃勃,吃了公司的货款不说,还转过头去要求那几个原材料供应商给他回扣。原材料供应商为了每个月多销售一些纺织原料,只好答应姜鹏的无理要求。

后来，姜鹏得寸进尺，要求原材料供应商给他更多的回扣。结果供应商不满，直接将这个情况告知姜鹏的公司高管。结果姜鹏因收黑钱、贪污公司的货款被起诉，他名下的房子因无力偿还贷款，最后被银行收回。

俗话说："做事先做人。"企业用人首先应看员工的人品，只有人品好的员工，才有被重用的可能。世界许多知名的大企业在选人用人时，都是把员工的人品放在首位。比如，摩托罗拉公司非常重视员工的品行和道德，如果一个应聘者的品行不符合摩托罗拉的要求，就算他的能力再强，也不会录用。

微软公司前副总裁李开复曾说："我把人品排在人才所有素质的第一位，超过了智慧、创新、情商、激情等。我认为，一个人的人品如果有了问题，这个人就不值得一个公司去考虑雇用他。"这个观点是很容易理解的，因为一个人的能力差一点没关系，大不了公司花点资金让你接受培训，但是一个人的人品不好却是很难改变的。所谓"江山易改，本性难移"，一个能力强、人品差的人一旦给你败事，那可能是毁灭性的。

成立于1763年巴林银行是英国历史最悠久的银行之一，被称为英国银行界的泰斗，享有"女王的银行"的美誉。然而，1995年2月27日，这家有着232年的灿烂历史、4万名员工、在世界各地几乎都有分支机构的银行，突然宣布倒闭。消息一经传开，全球为之震惊，人们不禁要问，到底是什么原因造成巴林银行倒闭呢？

原来，巴林银行葬送在一个年仅 28 岁的交易员手里，这个交易员名叫尼克·里森。他在未经授权的情况下，用偷天换日的手法进行了不正当交易，当他赌输了日经指数期货时，却利用多个户头掩盖其损失。

最后，巴林银行以 1 英镑的象征性价格，拍卖给荷兰皇家银行，改名为霸菱银行。

看到这家银行巨头的倒闭，你有什么感触呢？这就是因为员工的"第三只手"不听话，动了公司的奶酪，最后给公司造成了毁灭性的打击。所以，企业用人一定要考察人才的品质，一旦发现员工手脚不干净，就应该立即毫不留情地斩断其"第三只手"，将其清理出公司，这样才能彻底消除祸患，不留后患。

8　杀一儆百，非常之人用非常手段

有个成语叫"杀一儆百"，即处死一人，借以警戒许多人，从而树立威严。虽然这种管理手段残忍，但必要的时候，必须使用非常手段，该"杀"还得"杀"。

明朝洪武十四年，欧阳伦与安庆公主结为夫妻，成为驸马爷。做了驸马之后，欧阳伦变得不可一世，全然不把大明法律放在眼里。洪武末年，全国实行茶叶专卖，严禁私人贩卖茶叶，违法者一律严惩。

然而，欧阳伦视法律如粪土，认为别人拿他没办法，胆大妄为到了无以复加的地步。他私自派人贩运茶叶出境，凡是经过的地方，大小官员都不敢查办。欧阳伦的家奴周保仗势欺人，横行霸道，动不动就征用民车贩运茶叶，还经常打骂、辱骂巡检的官吏。这些官吏忍无可忍，就向明太祖朱元璋报告。

朱元璋听后大怒，当即派人把欧阳伦抓起来。尽管高皇后为欧阳伦求情，但朱元璋却不动情，最后欧阳伦被斩首。从此以后，朝廷的茶叶专卖制度得以顺利推行。

在公司管理过程中，制度的推行难免会遇到阻碍，这时老板应该有"神挡杀神、佛挡杀佛"的勇气，排除制度执行中的一切障碍。杀一儆百是树立老板威信的重要手段，在古代被很多人使用，比如孙武杀王妃、诸葛亮斩马谡、曹操杀杨修等等，很好地树立了制度的威信。

在现代企业经营和管理中，当下属犯了严重错误时，作为老板，你必须执行某种形式的惩罚。如果该惩罚的时候犹豫不决、拖延太久，甚至不惩罚，那么你的威信就很难树立起来，而且你之前树立的威信也会因为你的偏袒而失去。

企业需要公平，有公平大家才会心情舒畅，大家才会感到被尊重，工作积极性才能高涨。所以，当员工不听劝告、屡教不改时，你不妨采取杀一儆百的策略，打掉他们的威风，从而提高工作效率。

某大公司属下有一个分公司，老板把分公司全权交给年过50的刘经理打理。这个刘经理是个心慈面善、善解人意的人，在他手下干事，享受的自由度相当高。这不，小孙是个懒散之人，经常迟到，刘经理一问，他就抱怨说家住得远，单位又不开班车接送，迟到在所难免。结果，刘经理动了恻隐之心，见小孙迟到再也不说什么了。这一下，小孙觉得迟到是天经地义的，索性每天九点半以后到公司。其他人见了都心生不满，各说各的难处，于是除了刘经理外，办公室迟到成了一种"风景"。

另外，办公室给每个员工都配备了电脑，刘经理发现年轻人经常上网玩游戏，上班时间玩得干劲冲天，实在不成体统，于是就提出批评。没想到年轻人却说："刘经理，你不知道吧，在电脑上上班是很累的，每隔一个小时就要休息休息，玩游戏就是放松嘛！"刘经理一听在理，就听之任之了。不久，办公室成了游戏厅。各部门的员工经常切磋技艺，从此一发不可收拾。

终于有一天，老板有急事踏进分公司的大门。进门之后，差一点就被一股怪味熏倒，说："你们怎么在办公室吃臭豆腐？味这么大？"再一瞧，几个年轻员工正在玩游戏，什么斗地主、什么偷菜，见老板出现了，慌忙地关掉游戏页面。

老板憋着火向刘经理要了一份文件，刘经理说在小孙那里，小孙还没到。老板一看表，这都九点半啦，怎么还没到。问刘经理，刘经理说小孙家远，晚来一会儿也可以理解。老板彻底火了，当即宣布解雇刘经理、开除小孙，同时提醒全体员工，以后不准迟到、不准上班玩游戏、不准在公司吃臭豆腐等有浓烈味道的食品，谁违反规定，一律严惩。

几天后，新任的经理来了，他是军人出生，一身威严，谁也不敢造次。从此办公室有了规矩，大家的工作效率提高了，每个月绩效提升了，薪水也多了。

企业不正之风坑害的绝不是某个人，而是全体员工。试想一下，一个员工迟到，多位员工不满，能不影响大家的心情吗？员工上班玩游戏，工作拖延，效率低下，企业的效益怎么保障？所以，对待企业中不守规矩的员工，老板一定要快刀斩乱麻，杀一儆百。

11

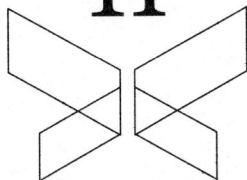

果断授权，
给下属让开一条向前冲的路

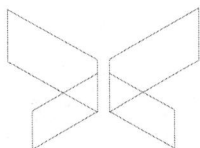

有一句话说得很好："紧攥着拳头里面什么也没有，张开双手你才能拥有全世界。"把这句话用到企业管理者授权上，再恰当不过了，当一个管理者紧攥着权力不肯放手时，他不是权力的拥有者，而是权力的奴隶。只有当他把权力授予下属，让下属有空间释放自己的能力时，管理者才是真正的权力拥有者。要知道，权力不是用来控制人的，而是用来激励人做事的，所以，学会授权才是管理者最应该做的事情。

1 权力过度集中，会使整个企业"高度无能"

权力是管理者依仗的最大资本，有了权力之后，管理者才能实施有效的管理。但不少管理者把权力当作监控他人，显示个人权威的工具。最典型的表现就是，从战略目标的制定，到战略目标执行的各个环节，什么事情都要过问。在这种严格控制中，最忙最累的人是管理者，最反感最失望的是员工，而且企业发展的局面迟迟无法打开。

作为管理者，该管的事情一定要管，而且要管好，比如，战略的制定、任务的下达，但是不该管的坚决不能管，你管多了，员工就会厌烦，因为他们感受不到信任和自由。关于这一点，有一个非常贴切的案例：

有一次，通用电气公司组织高层管理人员进行一次别开生面的培训游戏。游戏的前一天，杰克·韦尔奇给每个参加者发了一顶耐克帽子和一双耐克鞋。然后问大家："大家知道为什么我要给你们发帽子和鞋子吗？"大家说："因为明天有登山活动。"

韦尔奇又问大家："假如我还给你们发衣服乃至内衣裤，你们会有什么感觉呢？"大家不约而同地摇头，说："不要，不要！感觉怪怪的，好不舒服。"

韦尔奇说："对了！你们不要，我也不该给。"

管理的奥妙就在于"管头管脚"，但千万不要从头管到脚，这样才能使管理变得简单有效。但是，很多管理者有一个通病，他们习惯于相信自己，不放心别人，经常不礼貌地干预别人的工作。这个通病形成了一个怪圈，管理者喜欢从头管到脚，越管越变得事必躬亲，独断专行，疑神疑鬼。这也让部属们越来越束手束脚，感觉不舒服，并渐渐失去宝贵的主动性和创造性。时间长了，企业就会得弱智病。

管理者应该明确从头管到脚，有多么大的危害：首先，你过多的支点会让员工无所适从，太多的细节会掩盖真正的工作重点。其次，员工永远也学不会独立做事，因为你把一切经验都告诉给他，他就会按照你的方式去做事，而不是自己探索、创新，一旦遇到挫折，他就会想到你，而不会自己去独立解决。

认识到从头管到脚的危害之后，管理者不妨用"管头"和"管脚"的管理方式来代替从头管到脚的管理方式。为此要注意下面两点：

（1）解决"做什么"和"谁来做"这两个问题

要想管好"头"，就要重点解决两个问题："做什么"和"谁来做"。"做什么"是战略，是目标，"谁来做"是授权，也就是说管理者清晰地描绘企业的未来，制定战略路线和具体目标，然后将具体的目标分配给合适的员工去完成。

身为管理者，要做的是给员工创造一个宽松、信任并能获得强有力支持的工作环境。与此同时，将合适的人放在合适的职位上，将具体的工作交给合适的人去做，这样员工的潜能自然会迸发出来。

（2）让工作结果成为衡量成败的唯一标准

要想管好"脚"，就要坚持以工作结果论英雄。举个例子，在越野比赛中，只要规定起点和终点，以及比赛的路径，每个人都可以按照自己的方式去冲击冠军。至于谁快谁慢，为什么快，为什么慢，越野比赛的举办方根本不用去管。

在企业管理中，管理者也可以这样做。有些公司采取弹性工作时间，不规定员工几点上班，几点下班，上午干什么，下午干什么，对于特定的任务，管理者只给员工一个完成的期限，具体怎么完成由员工自行安排。最终，以结果来衡量员工的工作业绩。这样能给员工足够的空间，员工也会回报公司更多的努力，从而形成一种良性循环。

2 大权抓到底，小权放到位

汉高祖刘邦曾问群臣："吾何以得天下？"群臣的回答多种多样，但是都不得要领。于是，他只好自己说出答案："我之所以有今天，得力于三个人，运筹帷幄之中，决胜千里之外，吾不如张良；镇守国家，安抚百姓，不断供给军粮，吾不如萧何；率百万之众，战必胜，攻必取，吾不如韩信。三位皆人杰，吾能用之，此吾所以取天下者也。"

刘邦的话既表明慧眼识人的重要性，更表明信任下属、正确授权的重要性。说到授权，有些管理者可能会这样想："如果我把权力授予下属，那我所掌控的权力就少了，如此一来，我这个管理者岂不是名存实亡？再者，下属有了权力之后，如果胡作非为，我该怎么办呢？"尤其是在古代战争年代，授权给下属往往有很大的风险，下属权势大了之后，可能篡权夺位，这样后果岂不是很严重？

　　其实，授权并不等于放权，授权只是将一部分权限交给下属，让他们自由发挥自己的能力，展示自己的才华。根本性的大权仍然掌握在领导者手里，就像放风筝一样，领导者始终牵着风筝的线。当风筝飞行路线有所偏差时，领导者只需轻轻拉一拉手中的线，让风筝按自己的期望去飞翔。

　　况且，授权的目的是为了把公司经营管理好。如果领导者在意权力上的争夺，把权力紧紧攥在手里，那么仅凭你一人之力，是难以把公司管理好的。这就是为什么很多领导者每天操劳，甚至都累趴下了，公司发展却一塌糊涂。这就是因为他们不懂得授权。如果懂得授权，那么管理将变得轻松许多。因为正确授权有很多好处。

　　首先，正确授权可以减少领导者的工作负担，使其集中精力处理更重要的问题；第二，正确授权可以表达对下属的信任，激发下属的创造力；第三，正确授权可以调动下属的积极性，满足下属对权力的欲求；第四，正确授权有利于发现人才、锻炼人才、培养人才；第五，正确授权有助于领导者取长补短，加强团队协作的效率，提高团队的整体力量；

第六，正确授权可以避免领导者独断专行，有助于降低决策风险，减少决策失误造成的损失。

在正确授权这个方面，刘邦做得非常好。在刘邦的队伍里，有贵族出身的张良，有游士陈平，还有县吏萧何、屠夫樊哙、鼓手周勃……这些人在刘邦的组合下，在各自擅长的位置上做事，帮助刘邦打天下。刘邦用人不疑，大胆放权。当年他给陈平黄金四万两，却不过问此事，充分体现了对陈平的信任。在这种情况下，陈平的才能得以充分发挥。在楚汉之争中，陈平利用项羽多疑的性格，通过黄金收买人心，成功使用了反间计，使得项羽把范增逼走，帮刘邦战胜了项羽。

与刘邦的英明授权相比，明太祖朱元璋的专制集权做法，就显得太过愚蠢。朱元璋建立明朝之后，专权的做法立刻暴露出来，他诛杀开国功臣，以廷杖、文字狱凌辱官员，废除了丞相，集大权于一身。这些专制的做法使得当时的读书人都不愿意出来当官，一时间人才凋零。但是，全国军政大权集于皇帝一人，致使政务十分繁忙。朱元璋虽竭尽全力，但是拼上老命仍无法承担。

其实，企业管理与治理国家的道理是一样的，搞专制主义是难以将企业管理好的，唯有懂得放权，正确授权，给部属充分发挥能力的机会，才能借众人之力，打造一支有战斗力的团队。

约翰·钱伯斯是思科公司的总裁，他就深谙授权之道。对此，有人戏称他是最乐于授权给下属的总裁，他本人也曾说过："也许我比历史上任何一家企业的总裁都更乐于放权，这使我能够自由地旅行，寻找可能的机会。"

钱伯斯经常对部属说："最有能力的管理者并不等同于大权在握、搞集权统治。一群人总是能打败一个人的，如果拥有一群得力的助手，就有机会创建一个优秀的团队、优秀的企业。但如果你不敢把权力授予助手们，那么他们的才能便无从发挥。这样一来，你的部门的效益就难有提高，你的影响力也将受到影响，这对你掌权非常不利。"

在钱伯斯看来，优秀的管理者不必大包大揽，事必躬亲，而在于合理地统筹安排人员做事。他说："很久以前我就学会了如何放手管理。你不能让自我成为障碍。成为一个高增长公司的唯一办法就是聘用在各自的专业领域里比你更好、更聪明的人，使他们熟悉他们要做的事情。要随时接近他们，以便让他们不断听到你为他们设定的方向，然后，你就可以走开了。"

在思科，高层管理者负责确定战略和目标，建立公司所需要的文化，然后将权力下放到基层，使更多的基层人员拥有决策权。这样一来，公司的许多事情相当于由市场来决定，因为基层人员对市场十分了解。而且授权给基层人员，使得决策的质量得到了很大的提高。在这种授权文化之下，思科迎来了一个又一个高速发展时期。

领导者确定一个战略目标后，让下属自主发挥聪明才智去实现这个目标，这样才能充分调动下属的积极性。身为管理者，绝不要对员工的具体工作指手画脚，你只要给他们指定一个方向，把具体的事务交给他们就行了。

管理者要明白的是，一个人的能力是有限的，即使你非常有才华，靠你一个人来指挥一切，你终究还是忙不过来的。因此，你必须学会有效地授权，让整个部门的每个员工都动起来，让大家自发地做自己擅长的工作，这样才能把工作做好。

3 无为而治：最有效的授权就是让员工各尽其责

在管理界，流传着杰克·韦尔奇的名言："管得少，就是好管理。"韦尔奇认为，管理者没必要事必躬亲，什么事情都对别人不放心，粗鲁地干预别人的工作过程。因为这样做很容易形成一个怪圈：上司管得越多，部属越束手束脚，并养成依赖、封闭的习惯，最后把主动性和创造性丢得一干二净。而且，领导者什么都管，最终只会累坏自己。

尤金·杜邦是美国杜邦公司的第三代继承人，他是一个典型的专权者，凡事事必躬亲，大包大揽。在掌管杜邦公司之后，尤金坚持实行"恺撒式"的经营管理模式，即专制统治，绝对掌控管理权力。公司所有的决策包括许多细微的决策，都必须由他来完成。所有的支票都由他亲自开，所有的契约也由他签订。他亲自拆信复函，做利润分配，周游全国以监督几百家经销商。

每次在会议上，他总是不断地问别人，别人一一回答。

这种管理方式使杜邦公司的组织机构完全失去了活力和弹性，面对市场的变化，他们很难做出正确而及时的决策，导致公司遭受致命的打击，濒临倒闭。而且尤金本人也陷入了公司错综复杂的矛盾之中，痛苦不堪。1920年，他因体力透支而去世，公司的董事长和秘书兼财务部长，也相继累死。

每每看到累死的管理者，就感觉他们的命运如此悲催。事实上，将管理者击垮的不是管理上的繁杂事务，而是他们自己。因为不懂得授权，凡事亲力亲为，才会把自己弄得疲惫不堪。

作为一名管理者，学会授权真的很重要。一个善于授权的管理者，对公司而言是一种福气，对部属而言也是一种福气。面对很多有才华的下属，大胆地把权力授予给他们，把事情交给他们去办，这样既有利于分担自己的压力，又能给下属发挥自身能力和创造性的机会，何乐而不为呢？所以，优秀的管理者对待能不管的事情，他们总是尽量不管，而是把这些事情交给下属管。

通用电气公司从爱迪生创立之日起，延续了一百多年。在这漫长的发展过程中，它演化出一整套非常完备但也非常复杂的管理体系。在杰克·韦尔奇执掌通用电气之后，他发现这套管理体系程序太多，对员工的控制太多，这对人的创造性和积极性会产生抑制作用。所以，韦尔奇提出"在企业里，我们要有更多的领导，更少的管理"。

韦尔奇多次提到，一定要减少管理的层次，减少管理的量。他认为没有人喜欢被控制、抑制，如果管理带有这种控制、抑制人们的特征，就会使人们处于黑暗中。比如，把很多时间浪费在琐事和汇报上、对员工控制太多，使他们的自信心受损。

在韦尔奇看来，管得越少越好，怎样才能减少管理呢？他认为必须减掉那些不必要的控制——对人的检查、审核。而应该多给员工提供目标，多激励他们，让他们拥有自主权和自信心，从而更积极地去实现目标。

在杰克·韦尔奇的领导下，通用电气的管理层通过不断地授权，表达对员工的信任，彻底改变了以往的官僚主义管理作风，使通用电气迎来了又一春。

"管得越少，才能把企业管得越好。"这不只是杰克·韦尔奇的观点，很多优秀的管理者都有类似的管理理念。1988年，在哈佛商业评论上，管理大师德鲁克发表了一篇名为《即将来临的新组织》的文章，里面就很好地诠释了他"少管"的管理理念。

松下幸之助曾经说过："当创业初期员工只有一百人时，我总是身先士卒，坐在他们面前，走在他们面前，员工增加至千人时，我采取分层负责的管理方式，员工上万人之后，我只是站在他们旁边，合掌感谢他们为公司效命。"

松下幸之助明白，企业发展要靠众人的力量，所以，他非常重视人才，重视授权。他认为，管理者应该少管甚至不管，把更多的精力用于提升自己的修养，通过自律来影响全体员工，比如，关心员工、鼓励员工，对员工表达爱，通过自身的积极工作，带动整个企业的工作氛围，从而使员工自觉地对待工作，自觉地遵守公司的制度。这样一来，你就不用费尽心机地管理员工，员工也能如你所愿地对待工作，把工作做好。

4　科学分配任务，把正确的事情交给正确的人

在我们身边，经常会看到这样的管理者：他们整天到晚忙忙碌碌，时间一天天过去，却没忙出头绪，没有忙出成效。该解决的问题没有解决，团队的各项工作都卡在他们手里，而员工却闲着没事做。聪明的下属想帮忙，他们却不领情，认为下属瞎操心。当被人说他们工作方法不对时，他们却振振有词："做事要慢慢来！"

遇到这样的管理者，不知道是企业的悲哀，还是员工的悲哀。管理者是应该通过分配任务、指挥别人来做事的，而不是具体完成工作的人。对一个管理者来说，忙不是他的功劳，忙不是他做不好工作的理由。定计划、分任务、跟踪检查，促成团队目标达成，这才是管理者的本职工作。

不可否认，不少管理者是拙劣的任务分配者。虽然他们也分配工作，但对工作的情况、对下属的优势不完全了解，经常把工作分配给不适当的人去做，结果当然无法取得好的执行效果。等到出了问题之后，他们往往卷起袖子，亲自去做。这样一来，既浪费了时间，又浪费了人力物力，而且还会打击下属的积极性。那么，怎样分配任务最好呢？要注意

什么呢？下面我们就来介绍一下分配任务的几大要点：

要点1：选定工作

在分配工作之前，要认真考虑，什么样的工作需要委派给下属去做？这些工作有什么特点，难度怎么样？如果没有搞清楚这些问题，不要轻易委派工作。

关于这一点，需要注意的是，有一种叫作"热土豆"式的工作是不能轻易委派出去的。什么叫"热土豆"式工作呢？它指的是重要且紧急的工作，这类工作要求管理者马上去处理。另外，非常保密的工作也不适合委派给下属。

要点2：选定能够胜任的人

原则上讲，你可以把任何一项工作，交给任何人去做。但是在企业管理中，我们追求的是管理效率，员工追求的也是执行效果。因此，你应该选定能够胜任工作的人，这才叫把工作交给正确的人。这样往往能取得较好的执行效果，下属在出色完成任务之后，也能获得成就感。

要想快速地选定能够胜任某项工作的人，就要求你平时多花时间去了解下属的能力。比如，你可以要求下属通过书面形式，把自己的优势、喜欢做什么工作都写下来，以便你去了解他们。当然，你也可以经常和下属沟通，多观察下属，这样也便于你了解下属的能力。

举个例子，你可能知道某个下属打字速度很快，完成同样一份材料的录入，他的速度远远快于他人，而且出错率很低。这样一来，当你有一些材料需要急用时，你可以把录入的工作交给这个员工。反之，如果你不知道谁打字快，随便把这项工作交给一个下属，而他恰好不擅长录入，那么不仅耽误了时间，还会影响你的正常工作需要。

要点3：委派工作的时间

同样是一项工作，什么时候委派给下属最合适呢？很多管理者不注意这一点，往往喜欢在上午委派工作，结果，员工原本可以按部就班进行的工作，完全被打乱，还会损害员工执行任务的积极性。为什么会这样呢？

因为一般来说，员工往往会在早上上班时，就想好了一天要做的事情，他们带着计划来到办公室。一上班，还没做几分钟，就接到了新任务。这个时候，他被迫改变原定的日程安排，工作的有限顺序也要调整。他们的内心会产生一种莫名其妙的烦躁，这会影响员工执行的积极性。

那么，应该在什么时候委派工作呢？除非紧急性的工作，管理者应该在每天下午或快下班时委派工作，让员工第二天来处理这些工作。如此一来，第二天员工就可以全身心地处理你委派给他的工作。

要点4：委派工作的方式

怎样委派工作也是要注意的。有些管理者喜欢通过第三者传达委派的任务，而不是当面向员工交代，这样一来，经过一道中转，有可能发生信息传递误差，导致执行者错误理解领导者的意图。而且这种委派工作，会让被委派者觉得领导者不重视自己，容易影响他的积极性。因此，管理者最好面对面地委派工作，这样下属有什么疑问，可以当场提出来，便于沟通和交涉。当然，留便条、写邮件委派工作，也是不错的方法，但不会给下属深刻的印象。

要点5：委派时要做的事

在委派工作时，你不妨告诉下属：你为什么要把这项工作交给他，向他指出他有某项特殊的才能，适合完成这项工作，这样可以表达你对他的信任和赏识，有利于激发他的积极性。同时，你应该让下属知道，这项工作的重要性，完成这项任务，对公司的直接影响，让他意识到肩负的责任。

在委派工作时，你有必要解释一下工作的性质和目标，向下属交代一些相关的信息，告诉下属，这项工作要做到什么效果，什么时间完成，在这个过程中向谁汇报工作进程等等。

最后，一定要记得用肯定的语气对下属说："我确信你能做好这项工作。"这句话对下属将会产生很大的激励作用。

5　根据下属的特长进行授权

对 NBA 有一定了解的人，想必对公牛队的"大虫"丹尼斯·罗德曼不会陌生。罗德曼是一名怎样的球员呢？此人满头红发，经常穿奇装异服，很多人看他不顺眼，但是在教练眼里，他却是一个有着无人能比的天赋的防守型球员。

罗德曼加盟到公牛队的第一天，教练就郑重地告诉他："在这里，你唯一要做的只有一件事情。"罗德曼问教练：

"什么事?"教练说:"你每一场比赛,必须抢下15个篮板球。只要你能抓下15个篮板球就可以了,至于你能得几分,哪怕得零分,都没有关系。但你要记住,抓篮板才是你最应该做的事情。"就这样,罗德曼在公牛队的体系中,锻炼成著名的"篮板王"。

为什么教练把抓篮板球任务交给罗德曼呢?因为他了解罗德曼,知道他有抓篮板球方面的天赋和特长。我们都知道,当篮球撞上篮筐再弹回来时,很多个子高的球员一伸手就能抓到篮球。但罗德曼的身高并不突出,他是怎样抢篮板的呢?

原来,当篮球弹起来时,他通常跳起来用手挑一下篮球,然后再跳起来把球抓住。通常来说,人只有在膝盖弯曲的时候才能跳起来,但罗德曼居然能够在不弯曲膝盖的情况下连续起跳。因此,当球第二次下落时,个子高的球员正在屈膝准备起跳,他已经"蹭"地跳起来,把篮球抓在手里了。

当年的公牛队不缺少得分手,因为乔丹就是最伟大的得分手。因此,罗德曼在防守方面起到了很大的作用,抢篮板是罗德曼的特长,是他的优势,是他了不起的地方,而英明的教练将这项任务交给他,可以说是让对的人做对的事。所以,公牛队当年才能缔造3连冠。

其实,领导一个团队、管理一个企业,和带领一个球队的道理一样,领导者就像球队的教练,一定要学会正确地用人,把相应的工作授予给对的人。如果你能把每一个员工都安排在正确的位置上，让每个员工做他擅长的事情，那么每一个员工都能发挥出最大的价值，团队的战斗力就会无比强大。

每个员工都有自己的特长，领导者不能求全责备，而应该根据他们的特长进行授权。这样，他们才能做自己擅长的事情，更好地发挥自己的能力。那么，怎样才能发现人才的特长呢？这就需要领导者对人才的相关信息进行了解，比如，了解他们的教育知识背景、兴趣爱好、专业特长、工作经历等。只有用心地去了解，才能发现人才的闪光点，才能避免授权给错误的人。

1981年年底，已经成为 PC 机操作系统领域"霸主"的微软公司决定进军应用软件领域。当时比尔·盖茨雄心勃勃，坚定地认为微软公司不仅能开发软件，还能成为具有零售营销能力的公司。他的想法非常好，但却在行动中碰到了难题。因为虽然微软公司有很多软件设计方面的人才，可是在市场营销方面却人才匮乏，这直接导致微软迟迟无法进入零售市场。

这个时候，比尔·盖茨意识到必须找到营销方面的高手来帮忙，经过四处打听，最终他将目光锁定到罗兰德·汉森身上，此人是"肥皂大王"尼多格拉公司的营销副总裁。因为汉森具有丰富的市场营销知识和经验，于是他把汉森引入微软。

当时微软的高层主管对盖茨的做法很不放心，因为汉森虽然是营销专家，但是对软件一窍不通。而盖茨认为，汉森虽然不懂软件，但是在公司广告、公关、产品服务，以及产品的宣传与推销方面，能起到十分重要的作用。

汉森进入微软之后，在营销方面得到了盖茨的大力授权，他也因此给那些只懂得软件、不懂市场的微软精英们上了一堂统一商标的课。在汉森的强烈建议下，微软公司所有的产品都要以"微软"为商标出现，不论是哪种类型的产品，都要打出微软的品牌。不久，微软在美国、欧洲乃至全世界被世人熟知，微软的产品也迅速被人接受，其市场占有率也迅速得以提升。

员工擅长做什么事情，你就把他擅长的工作方面的权力授予他，让他自主地完成相关的任务。这种做法是管理者在授权时必须重视的问题。

授权给有相关特长的员工，其实在某种程度上来看，也是授权给相关的专业性人员。比尔·盖茨之所以把营销方面的权力授权给汉森，是因为汉森是一位营销专家。同样的道理，在你的企业和团队中，也有一些人才是某方面的专才，如果你能发现他们的专业优势，并大胆地授权给他们，他们可能会给企业带来巨大的效益。

6　只需下达目标，不必布置细节

领导者管理企业的最佳手段是抑制过剩的权力欲，而不是放纵自己的权力欲。因为管理者是带领下属完成目标的领头羊，而不是通过个人能力实现目标的孤胆英雄。因此，通过合理授权，最大限度地挖掘和调动下属的积极性，是每个管理者都应该去做的事情。

大量的实践证明，一个成功的领导者往往是这样的：他们最大限度地把权力授予给下属，并全力支持下属的工作。他们相信自己的眼光，相信下属能把工作做好。

有一次，杰克·韦尔奇参观一个工厂里的生产线，他发现生产线上的工人没有任何权力，他们只是被动地、机械地重复同一个动作。韦尔奇问厂长："你可不可以向工人授权，让他们有一些自主权？"厂长给出的答复是否定的。

韦尔奇向厂长提出了一个设想："给每个工人的操作台上设计一个按钮，当他们想休息时，按一下按钮，就可以停下来休息，如果有精神，就可以一直干，甚至可以让传送带加快速度，当然，流程也要稍微改变一下。"

遗憾的是，没有人同意韦尔奇的这个设想，但是他决定试一试。实验结果如他所料，生产效率有了很大的提高。在通用公司，几乎所有的工厂在处理每一件事情时，都是以生产部门为单位的，各个小组协同作战，而不是把工人安排在生产线上，让他们以生产线为单位。

员工不是机器，不是工具，即便是生产线上的员工，也需要一定的自由权限。当他们疲惫时，可以停下来喘息；当他们精神抖擞时，可以加快工作速度。这种对自由的渴望，是每个员工都具有的心理。杰克·韦尔奇的实践证明，把决策权尽量下放给那些做事的员工，可以极大地提高做事的效率，因为他们最了解自己的工作，了解真相。

荷兰控股公司是一家经营能源和消费品的企业。1995年，公司的销售额高达110亿美元，利润为3.15亿美元。在老板范·弗利辛根的正确经营和管理下，借助优秀人才的力量，使得公司的销售额大幅度提高。

范·弗利辛根的高明之处在于给属下更大的权力，让他们发挥巨大的能量。在他看来，给属下一些权力可以让属下承担更多的责任，还可以得到应有的回报。

在范·弗利辛根实施放权管理之前，分布在世界各地的分公司的管理者，主要任务是执行总公司的决定。但是他们对具体的执行过程和执行结果并不重视，每个人都认为这不是自己的责任。为了扭转这一个格局，范·弗利辛根把90%的权力下放给各个分公司的管理者，这些权力包括革新、创业等多个方面。当然，90%权力下放的同时，也意味着90%的责任下放，总公司只承担10%的权责。

权力下放之后，总公司对分公司的管理层表现出了充分的信任。在范·弗利辛根看来，既然权力下放了，就应该信任员工，让他们独当一面。在员工中，有些人精明能干，具有强烈的进取心和责任心。对于这类员工，公司从来不会指手画脚，而是给他们足够的空间发挥。

范·弗利辛根说："员工是真正在赚钱的人，你可以向他们提问，但是他们需要自己去摸索，而不需要别人去为他们安排一切。"任何时候，他都非常信任员工。有时候，某些部下会写信给他请求帮助，但他总是在回信里写上自己的意见，并加上一句："我也认为这个问题很棘手，祝你成功。"

通过合理授权，使权力层层下放，让每个部门都有了主动权，使他们能够根据自己的实际情况制定相应的决策，让每个人都切实地负起责任，而且由于决策是自己做的，因此，他们都愿意为自己的决策负责。公司最高管理者只需把握投资和财务等方向性的决策权力，起到应有的引导和监督作用，就可以保证公司在大的方面的正确走向。

不过，有两个问题值得管理者们注意，第一个问题是，合理授权，重在"合理"，即授予员工的权限应该与具体工作相匹配，既不能权力过小，也不能权力过大。第二个问题是，合理授权之后，绝不要干涉员工。下面我们来逐一分析这两个问题。

首先，关于授权的"合理"性问题，有这样一个案例：

赵总属下有几名得力的中层管理者，他对这几位管理者都非常信任，经常把公司一些较为重要的事务交给他们。只不过，赵总授权时有一个特点，那就是授权过多。

比如，公司有个重要客户需要公关，赵总会对一位中层说："这件事交给你了。"但是这位中层正在负责人才招聘工作，他去公关重要客户了，谁负责招聘工作呢？赵总说："人才招聘工作继续由你负责。"可是这位中层除了负责招聘工作之外，还在负责采购工作，于是赵总又说："采购工作继续由你负责。"

就这样，这位中层一下子负责3项工作，赵总给了他很大的权限："有什么问题自己决定，需要资金直接找财务，就说我发话了。"但问题是，这位中层一人负责 3 项工作，明显力不从心……

在这个例子中，赵总给属下授权过多，导致属下压力过大，可能会累垮了属下，还会影响工作完成的质量。这种过度的授权，是每个管理者都要注意避免的。最好的做法是，一次只授予一种权利，让员工专注地完成目标，这样便于执行到位。

其次，关于授权之后绝不干涉的问题，我们也举一个例子：

希尔顿 21 岁那年父亲授权给他，让他担任一个旅店的经理。同时，转让了部分股权给他。然而，让希尔顿非常恼火的是，父亲虽然授权给他了，但经常干预他的工作。正是因为年轻时亲身体验了有职无权、处处受约束的感受，所以，当希尔顿后来掌权时，他在授权给他人时，只要做出授权决定，就会给下属全权。这样，被授权的下属也有机会充分施展自己的才华。

通过权力下放，可以表达对员工的信任，激起员工的积极性，使每个负责具体工作的员工，都把本公司的发展和前途看作自己的职责，使每一个拥有独当一面能力的人，都能充分发挥自己的才能和创造性。授权以后，绝不去干涉下属，这是管理者自信的表现，也是信任下属的表现。如果你不信任下属，就不要把权力授予他。

7 把握原则，让交办的工作有章可循

在管理中，有一种情况十分常见，你把下属找来，交给他一项任务。交代之后，你忙其他的事情。接到任务之后，下属认为你交代的工作不那么着急，于是把你的工作放在一边，忙他手头着急的工作。一个星期过去了，你突然想到交代给下属的事情，于是问下属要结果，但下属却说："我还没做好呢！"你火冒三丈，批评下属做事没效率，下属委屈地说："你又没说多久完成任务，我怎么知道你什么时候要结果。"顿时你哑口无言……

你碰到过类似的事情吗？在交办工作时，你会对下属说什么呢？为什么有些领导者交办工作给下属，下属三五分钟就能完成，而有些领导者交办工作给下属，下属拖一个星期甚至半个月？其实，交办工作是有学问的，是需要讲原则的。

一般来说，交办工作需要注意以下几个原则：

（1）具体原则

所谓具体原则，是指你在交办工作给下属时，要清楚地告诉下属，具体要做什么事情。千万不要泛泛地交代，让下属摸不着头脑，不知道你想让他做什么。

具体原则还包括，这项工作多久完成，达到怎样的效果。很多领导者只是把工作交给下属，却不说明具体什么时

间完成，导致下属认为领导交办的这件事不着急，我先放一放。这样一来，下属就可能拖着不执行，等你需要结果时，得到的却是失望。要想改变这种状况，你要做的就是，向下属讲明时间："这件事交给你去办，明天上班之前给我结果。"这样一来，下属还敢拖着不执行吗？

（2）适当原则

所谓适当原则，指的是交办给下属的工作量、工作难度要适当。工作量太小、难度太小，无法激发下属的积极性，不利于下属尽职尽责地完成；工作量太大、难度太大，超出了下属胜任的范围，下属就无法取得令你满意的结果。因此，在交办工作时，你要考虑到下属的工作能力、忙碌程度等因素，交办给下属适当的工作任务。

（3）信任原则

在交办工作时，对下属表达信任是很有必要的。千万不要一边对下属说："这件事拜托给你了，一定要做好。"一边却对下属说："做不好也没关系。"当然，信任原则还指在下属执行的过程中，管理者不应该随意干预下属。所谓"用人不疑，疑人不用"，一旦你把某项工作交办给下属，就要信任他，如果你不信任他，最好不要把工作交给他。

有些领导者为了表达对下属的信任，在交办工作时这样说："这项工作就全拜托你了，一切都由你做主，不必向我请示……"表面上看，这是领导者对下属的充分信任，但实际上这种做法是不可取的，因为一切都由下属做主，而且不必向你请示，很容易导致下属执行偏离你的预想，导致执行出现偏差。当然，工作交办下去之后，也不能大事小事都干预，大事过问一下，小事让下属做主，这才是明智之举。

（4）汇报原则

所谓汇报原则，指的是下属在执行任务的过程中，有必要适当地向领导汇报任务的阶段性进展情况。当然，这通常指的是系统性、较大的工作任务。如果是一些具体性的小事，下属没必要向领导汇报，直接给领导工作结果就行了。

当然，你如果不要求下属汇报，不主动和下属沟通，下属就可能在执行中出现问题。所以，不要等到出了问题，才痛斥下属的不汇报，而要在交办工作的一开始，就明确告诉下属："及时向我汇报情况，最好两天一个汇报。"值得注意的是，在倾听下属的汇报时，要避免下属报喜不报忧，怎样避免呢？那就是下一原则要讲到的。

（5）监督原则

依靠下属的汇报来了解交办的工作的进展，这是领导者被动监督下属的表现，高明的管理者不只是被动监督下属，他们往往会主动去了解下属的工作进展。他们从来不会把工作交办给下属之后，就做起"甩手掌柜"。不管他们对下属多么信任，在一些关键问题上，他们一定会亲自过问。这种把关和监督非常重要。

（6）带责原则

带责原则是指交办给下属一项任务，同时让下属对这项任务负责，也叫授权授责。若能明确地将权与责同时授予下属，不仅可以促使下属尽职尽责地对待工作，还可以避免滥用权力的情况发生。在交办工作时，领导者应该向下属交代清楚权限范围，这样便于下属正确行使职权，更好地完成任务。

总之，如果你想让交办的工作有章可循地推行下去，让下属坚决彻底地贯彻执行，你就有必要在交办工作时把握以上的 6 条原则。

8 授权收权，要做到收放自如

授权不是最终的目的，而是实现企业发展目标的一种手段。老板通过授权，可以充分调动被授权者的积极性，借助大家的力量，使大家团结在一起，各司其职，把公司的事务做好。而不是把企业的权力分封给各个部属，然后老板当甩手掌柜。因此，在授权之后，老板还要学会收权，没有收权同样是行不通的。

老板必须对自己有准确的角色定位，只有自己才是企业的真正负责人、长期的负责人。不论属下的管理者多么聪明，多么负责尽职，多么忠诚可靠，都无法完全取代你在企业中的权威性和影响力。因此，如果老板授权下属，下属执行不到位，甚至把工作搞得一团糟，这个时候老板就有必要对权力进行调整，收回授予的权力或另选授权对象。

1989 年 4 月，宏碁公司总裁施振荣任命刘英武为宏碁执行总裁。刘英武是何许人也？他是毕业于普林斯顿大学计算专业的博士，曾在 IBM 公司软件开发实验室电脑部担任主管长达 20 年之久，在美国电脑界非常有声望。施振荣非常器重他，声称他是宏碁全球扩张的"秘密武器"，并把经营决策权毫无保留地交给他。结果怎么样呢？

刘英武上任之后，向宏碁灌输了他从 IBM 带来的"中央集权"的企业文化。他频繁地召开马拉松式的会议，而且对下属的建议基本不听，下属必须无条件服从。宏碁的一位经理回忆道："强迫大家同意总裁的观点与以前宏碁的风格大相径庭，施振荣从不会强迫你做任何事，除非你同意或愿意去做，所以很多人便离开了公司。"

之后，刘英武又做了一系列收购的决策，但基本上以失败告终。他从外部聘来了 9 个高级管理人员，为此公司损失巨大，人心浮动。这一切都被施振荣的妻子叶紫华看在眼里，为此她向施振荣抱怨，说他不看事实与真相。

渐渐地，施振荣意识到自己对刘英武的过度授权是一个错误。他说道："我认为 IBM 是世界上管理最好的电脑公司，刘英武理所当然比我更有能力和经验。但他不是企业家，我对他授权太多了，太早了。"1992 年，施振荣开始重掌帅旗，他决定按自己的方式塑造宏碁，而不是仿效 IBM 公司。

在这个案例中，施振荣虽然在授权之后收权了，但是由于收权不及时，导致企业损失严重。这种现象值得每个管理者尤其是企业老板深思。

俗话说："水满则溢，月满则亏。"授权与收权是一对矛盾的统一体，总是此消彼长。在企业管理实践当中，随着企业处于不同的发展阶段，实际情况也会有所变化，因此，授权还是收权，应该结合实际情况，根据具体需要来授权和收权。

那么，哪些权力该授，哪些权力该收，这个问题不好一概而论，而要求管理者根据企业的具体情况来决定。一般来说，涉及到企业命脉的权力不能授，比如战略决策、财务决策等应由老板掌控，而一些带有方法性的、具体事务的执行权限，完全可以授予给员工，以充分发挥他们的能力。

在授权之后，如果发现出了问题，管理者应该立即对授权事件进行检讨，思考问题出在哪里，找出症结。如果发现被授权者能力不够，无法胜任工作，应立即收回权力，然后选择更适合的对象进行再次授权。如果被授权者圆满完成了工作，应予以肯定和奖励，然后顺理成章地收回权力。要做到一事一授权，一事一收权，授权起始于任务的开始，收权起始于任务的完结。

12

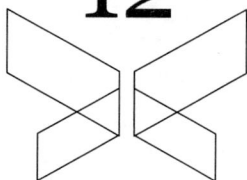

从优秀到卓越，
成就最顶尖的管理者

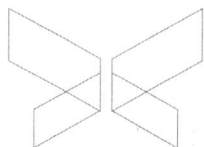

著名的管理大师彼得·凯斯特鲍姆曾经说过："真正的领导力是源于人们的内心和精神，而非外在的技能。卓越的领导者或许不擅长人际交往和沟通，但他一定是雄心勃勃，能够面对巨大的挫折，自我控制能力很强，能忍受背叛，表现出极大的同情心。"一个有着卓越的领袖气质的领导者，一定是一个有远见、务实、有道德感和有勇气的人，他拥有大胸怀和大气魄，充满个人魅力，还是一个优秀的造梦大师。

1　成功的企业背后，都藏着一个卓越的总经理

在冷兵器时代，战争成败的因素归纳起来，无外乎天时、地利、人和。以三国为例，曹操挟天子以令诸侯——占了天时；孙权坐拥江东——占了地利；刘备有诸葛亮和五虎上将的辅佐——占了人和。正因为如此，曹操、孙权、刘备才能各占天下之一，呈三足鼎立之势。但是，如果仅占天时、地利、人和三者中的一条乃至三条，是否就能打下江山，是否就能江山永固呢？对此，战国初期著名的军事家吴起表达了个人的看法：

魏文侯死后，他的儿子继承王位，称魏武侯。一天，魏武侯在吴起的陪同下坐着船，顺黄河而下，船到半途，他回过头来对吴起说："山川是如此的险要、壮美哟，这是魏国的瑰宝啊！"

吴起答曰："国家政权的稳固，在于施德于民，而不在于地理形势的险要。从前三苗氏左临洞庭湖，右濒彭蠡泽，由于他不修德行，不讲信义，所以夏禹能灭掉他；夏桀的领土，左临黄河、济水，右靠泰山、华山，伊阙山在它的南边，羊肠坂在它的北面，但由于他不施仁政，所以商汤放逐

了他；殷纣的领土，左边有孟门山，右边有太行山，常山在它的北边，黄河流经它的南面，但由于他不施仁德，武王把他杀了。由此看来，政权稳固在于给百姓施以恩德，不在于地理形势的险要。如果您不施恩德，即便同乘一条船的人也会变成您的仇敌啊！"武侯回答说："讲得好。"

在吴起看来，影响战争成败的因素，不仅是天时、地利、人和，更重要的是君主的德行。如果君主的德行不好，如果君主不修德行，即便拥有天时、地利、人和这三者，也不见得能在战争中取胜，更不能保证江山永固。所以，吴起这才有了"江山之固，在德不在险"的观点。

著名的满学家阎崇年先生曾经说过："爱新觉罗·努尔哈赤之所以能为大清朝的建立奠定坚实的基础，除了拥有天时（明朝腐朽，内忧外患）、地利（统一女真，雄踞一方）、人和（八旗劲旅，同仇敌忾），还有最重要的一点，那就是"己和"。

阎崇年所谓的"己和"，与吴起的"君主德行"十分近似。不同的是，"己和"表达的是内在的心态、心理和智慧，而"德行"说的是治理国家的心态和智慧。可以说，"己和"是君主德行的根本，只有当君主有了良好的心态时，他才有可能表现出好的德行。

其实，管理企业与君王治理国家，在本质上是没有区别的，只是设计的管理范围、人数不同而已。管理企业，同样离不开一个"德"字，所谓"厚德载物"，领导者唯有良好的德行，才能行走在竞争激烈、危机重重的商场，才能得人心，得天下。在这方面，代表性的人物有史玉柱、牛根生、柳传志等。

当年"巨人大厦"项目崩盘时，巨人的核心管理层并未因史玉柱的破产而离去，核心管理者们对史玉柱依然不离不弃，这种风雨同舟的情愫，源于他们对史玉柱的信任，这是史玉柱后来崛起的关键。

牛根生创立蒙牛时一穷二白，既没有资金，也没有厂房，连奶源都没有。他的办公室是居民楼里的一套两居室，牛根生自嘲道"就是这么个环境，当时的蒙牛是中国乳业的尾巴尖上的最后一根毛"，但是牛根生的创业团队雄心不减，始终团结在一起，最终打造出今天的蒙牛集团。

联想在柳传志的带领下，从当年只有20万元的企业，发展成今天上百个亿的大企业，成为中国电子工业的老大。联想能有今天，与柳传志的人格魅力和高尚品格是分不开的。柳传志曾说过一段很有名的话："第一，做人要正。虽然是老生常谈，但确确实实极为重要。一个组织里面，人怎么用呢？我们是这么看的，人和人相当于一个个阿拉伯数字。比如说10000，前面的1是有效数字，带一个零就是10，带两个0就是100……其实1极其关键。很多企业请了很多有水平的大学生、研究生，甚至国外的人才，依然做得不好，是因为前面的有效控制不行，他也是个零。作为'1'的你一定要正。"

柳传志说得到做得到。在联想的"天条"里，有一条是"不能有亲有疏"，意思是领导者的家属、子女不能进公司。柳传志的儿子毕业于北京邮电学院计算机专业，但是柳传志不让他来联想，因为他害怕子女进公司，各亲属结成利益团体，到时候没法管理。这只是柳传志做人的一个缩影，正是这种浩然正气，使得联想的事业蒸蒸日上。

翻阅历史，从无到有、从有到强，在逆境中生存的例子不胜枚举，他们都有一个共性：都需要一群人、一个团队，而且需要一个有德行的领袖。史玉柱有"德"，所以在逆境中，依然能用人格魅力凝聚他的团队；牛根生有"德"，所以他才能带领团队，走过创业初期最艰难的日子；柳传志有"德"，所以他才能通过正人先正己，树立个人的影响力，把联想做成世界级的企业。

今天，有多少企业小老板有"德"？悲观地说，大多数企业是"树倒猢狲散"，甚至有些企业，"树"还没倒"猢狲"就已经散了。这一点从一个企业的人才流失率上就能看出端倪。当一个企业的人才不稳定，尤其是核心人才频繁流失时，企业的领导者就应该反思了，到底为什么无法聚集人才？这肯定是有原因的，而最大的原因，恐怕就是领导者"无德"。

牛根生曾说过："小胜凭智，大胜靠德。"如果老板无德，他永远只能凭借"小智"取胜，他永远只能经营一个小企业，做一个小老板。试问，优秀的人才怎么愿意跟着没有前途的小老板，混迹在没有前途的小公司呢？

领导者们要清楚一点：振臂一呼，应者云集的号召力，绝不是职位赋予的，如果没有追随者，领导者的职位只是一个空壳。也就是说，是追随者成就了领导者，是追随者凸显了领导者。所以，领导者必须加强个人德行的修炼，学习做人的智慧。只有这样，才能领导团队，打下江山，把企业做大做强。

2 眼界决定境界：看别人看不到，才能做别人做不到

经营和管理企业，有两种不同的思路，一个叫"王道"，一个叫"霸道"。所谓王道，指的是做一个产业，要和别人合伙来做，一起把产业做大，让大家都有钱赚，使大家的路越走越宽。所谓霸道，是指一人独大，这个产业我全做，形象地说就是"走我的路，让别人无路可走"，垄断就是典型的"霸道"经营。

企业管理者如果放弃"王道"，而改行"霸道"，长远来看，势必会令自身的实力大为折损。自古道"眼界决定境界"，看别人看不到，才能做别人做不到。在错误的道路上一意孤行，到最后只能是得不偿失。下面的这个案例，就值得我们深思：

有个县级企业每年的销售额在 5000 万元以上，把生意做得有声有色。随着生意越做越大，公司的老板赵先生也越来越牛气。

同行有家小公司的老板王先生想拜访赵老板，和他洽谈一个很好的合作项目，但是去了几次，都没见到赵先生。因为他不是在开会，就是在接待客人。最后一次，王先生终于见到了这位牛气的赵老板。

　　对于王先生的来访，赵老板没有表现出丝毫的热情，他坐在老板椅上，身子都没动，接过王先生的名片，也只是看了看，然后对王先生说："我们公司是当地的行业老大，不会和你们这样的小公司合作的，而且我告诉你，两年内，我们将会垄断这个行业……"

　　赵老板不过是一个年销售额超过5000万的企业老板，他的霸气体现出来的更多是愚昧和可笑。一个不懂得与同行搞好关系，不懂得与同行合作的企业，恐怕很难继续做大做强。因为一个实力强大的企业，往往依靠几个主要产品或业务赢利，有些产品或业务并非行业最强的，这就好比一个人，他的能力很强，有很多优势，但在某些方面，他也有不足。如果企业管理者能够认清形势，认清自己的劣势，通过与同行企业合作，实现优势互补、取长补短，那么就可以实现双赢，于人于己都是有利的。

　　再者，从竞争态势上来看，在某一行业、某一地区形成"一强多弱"的格局之后，即便"一强"处处占据上风，但如果"多弱"联合起来，一起对抗"一强"，"一强"也不一定能完胜。而且市场处于不断变化之中，企业的口碑很重要，"一强"能否聚拢下线企业，能不能得到其他企业的支持和消费者的认可，很大程度上决定了企业的命运。因此，企业实力再强也不要处处显露"霸气"，因为做人不能太"霸道"。

某公司的张经理发现市场上出现了窜货，于是向总经销商反映情况。总经销商对此反映冷淡，嘴上对张经理说："我马上派人去查，查出来就要严厉处罚。"但过了几天，总经销商依然没有查出货是从哪里发出来的。没办法，张经理只好亲自出马，去零售商店询问情况，通过层层查下去，最后发现是总经销商自己窜的。张经理非常气愤，但为了赚钱，不好与总经销商撕破脸皮，但是心里却想着："你和我耍心眼，看我以后怎么对付你，吃了我的，早晚让你吐出来！"

案例中，那位总经销商的行为不仅是"霸道"，更是"贼盗"。他在经商中违反了诚信原则，用非正当手段牟利。这种做法只会引起合作伙伴的极大反感。这样的总经销商，早晚会砸烂自己的招牌，因此，我们应该引以为戒。

作为一家实力较强的企业，也许在某一时期、某一区域，你的成功会引起同行的敬重。但是作为管理者，千万不要自以为是，认为天下是自己的，霸道得不可一世。要知道，得人气者得天下，无论你的企业实力多么强大，如果"失道"，必然寡助。李嘉诚那种"有钱大家赚""要对手不要敌人"的经营思想，值得每一位企业管理者学习。

华人首富李嘉诚的生意做到了全世界，但他却没有任何"霸道"作风。相反，他处处表现得很平和，对待同行企业，十分尊重和友好，充分彰显了"王者风范"。当年牛根生等企业家组成一个团队，一起来拜访李嘉诚，当时李嘉诚已经79岁了，但他早早地守候在电梯前。当代表团从电梯里走出来时，他一一和他们握手。席间，李嘉诚逐桌坐下，和每一位成员亲切交谈，回答他们的提问。当代表团告别时，李嘉诚再次将他们送到电梯。从李嘉诚的表现和他一贯的经营思想来看，他所奉行的是"王道"经营思路，绝非"霸道"经营思路。

李嘉诚曾经说过："做事要留有余地，不把事情做绝。有钱大家赚，利润大家分享，这样才有人愿意合作。假如拿10%的股份是公正的，拿11%也可以，但是如果只拿9%的股份，就会财源滚滚来。"

俗话说得好："多一个帮手，就多一条出路。"做生意也应与人为善，而不能不顾同行的利益。否则，就很容易树敌，就会把生意做得越来越孤立。反过来，如果像李嘉诚那样，即使自己是一家独大，也懂得与人合作，并考虑合作者的利益，达到利益均沾，虽然短期内可能少赚一点，但从长远来看，会获得数不尽的合作机会和源源不断的利益。这样才能把生意越做越大。

3　一时的成功不等于一世的成功，做老板要有危机意识

伟大的思想家、教育家孟子曾经说过："生于忧患，死于安乐。"在安逸、顺利的环境中，如果不懂得居安思危，

没有觉察危机的敏锐双眼，就可能"突然"死于非命。这里说的"突然"看似偶然，实则必然。因为危机就在那里，是你没有发现它，如果你能发现它，及早排除危机，那么就能免于死亡。

企业在发展过程中，就如同一艘游轮航行在茫茫的大海，市场环境就如海浪翻腾不止，危机就如同隐藏于水中的冰山。作为企业管理者，作为游轮的掌舵者，如果你发现不了冰山的危机，那么这就是你的失职。

众所周知，泰坦尼克号是在欢呼声中出海的，在船长、船员们的高度放松下，在全体乘客疯狂的放纵时，一座巨大的冰山突然出现在眼前，泰坦尼克号躲避不及，撞上了冰山，然后沉没在大海中。由此可见，居安思危并非危言耸听，而是有着非常重要的现实意义。在这方面，企业管理者不妨向日本人学习。

日本人生活在一个地震多发的岛屿上，陆地面积有限，人口众多，这些现实因素不得不促使他们居安思危，奋发图强。即便在经济繁荣的今天，日本人依然保持强烈的危机意识。日本曾拍摄了一部名为《日本沉没》的大片，影片大胆地设想，由于太平洋大陆板块的移动，日本大陆将会被拖到太平洋，并且会在一年之内沉入太平洋。面对即将消失在地球上的这一残酷现实，日本人到处寻求别国接纳，但是他们被拒绝了。绝望的日本人最后想到了一个办法，他们将海底3000多米深的大陆板块炸断，保住了部分日本岛屿。

站在日本人的角度想一想，看完这部影片会有怎样的心情，那是一种世界末日即将来临的感觉。日本人之所以拍摄这部影片，其意图非常明显，他们不是为了炫耀自己的电影水平，而是为了激发出日本人的危机意识，增强他们团结、互助、互爱的精神。

　　相比之下，我们可能没有哪个导演，敢拍摄这类题材的影片，我们的愿望是一直生活在盛世太平的环境里。如果有人提到危机，马上被呵斥："闭上你的乌鸦嘴，能不能说点吉利的话？"这种现象同样存在于企业中，很多企业管理者愿意听同行说好话、希望员工报喜不报忧，这种心理对经营企业来说是非常可怕的。

　　在中国食品行业，提起三鹿集团，很多人都耳熟能详。它曾入选中国食品工业百强、中国企业500强，企业先后荣获的省级以上的奖项多达200余项。比如，全国"五一"劳动奖状、全国轻工业十佳企业、全国质量管理先进企业等等。

　　2006年，三鹿集团入围《福布斯》评选的"中国顶尖企业百强"乳品行业，而且位列榜首。当年经中国品牌资产评价中心评定，三鹿集团的品牌价值高达149.07亿元。2007年，三鹿集团被国家商务部评为最具市场竞争力品牌。"三鹿"商标被认定为"中国驰名商标"，其产品在全国31个省、市、自治区畅销。

　　然而，就是这样一个中国乳制品行业的巨无霸，在2008

年奥运会之后，瞬间崩塌。原因相信你也猜到了，那就是2008年8月13日，三鹿集团的奶粉被查出含有三聚氰胺污染物质，导致三名婴儿死亡，数百名儿童患上不同程度的泌尿系统疾病。当年12月份，三鹿集团被北京三元集团收购。一个曾经灿烂辉煌的企业，以一种丑陋的形象消失于公众的视线，消失于消费者的心中。

在看似一帆风顺的时候，三鹿集团缺乏危机意识，忽视产品质量，导致迅速消亡，不得不让人深思。法国剧作家、小说家巴尔扎克说过："一个商人不想到破产，好比一个将军永远不预备吃败仗，只算得上半个商人。"这对企业管理者而言，无疑具有启发意义。

企业没有危机感，这是最大的危机。不论企业是否强大，它无处不在、无时不有。任何危机的爆发，都不是偶然的，都不是突然的，它在爆发之前往往会潜伏一段时间，给你觉察它的机会。企业管理者如果没有危机感，即便看到了不良的征兆，也压根不会往不好的方面想，这就是危机意识匮乏的弊端。

科学家曾做过一项实验，在一口大锅里盛满凉水，再把一只青蛙放进去。然后，用小火慢慢加热，水温渐渐上升，但是青蛙没有感觉到，它一直在水中欢快地游动。当水温增高到青蛙无法忍受的温度时，青蛙的游动渐趋缓慢。再后来，水温进一步升高，青蛙无力挣扎，慢慢地又安乐地被煮死在锅里。

后来，科学家又做了一项实验，把一只青蛙放到盛满沸水的大锅里，青蛙一入水，便立刻感觉到环境变化，迅速挣扎跳跃，最后跳出了大锅。虽然皮肤被烫伤，但是它逃脱了被煮死的命运。同样是青蛙，命运却不同。可见，在时刻变动的环境中，觉察不到危机才是最大的危机。如果企业管理者像第一只青蛙那样，对外部环境的变化失去察觉、浑然不知，企业就会在危机面前无力应变，最终会被市场淘汰。上文的三鹿集团就是这样的企业，它的迅速消亡就是缺乏危机应有的惩罚。

所以，作为一名有远见、有责任、有担当的企业家、管理者，你一定要将危机意识灌输给全体员工，让全体员工都保持忧患意识。当企业经营中出现问题时，一定要引起重视，并从中察觉危机的存在，然后制定相应的危机处理机制，争取把危机消除在萌芽状态。

4 虎气不足，猴气有余，成不了好领导

一代伟人毛泽东曾经说过："在我身上有虎气，是为主；有些猴气，是为次。"什么是虎气呢？这个比较好理解，虎气指的是霸气、王者风范、大气派、大格局、大境界。什么是猴气呢？这就要根据猴子的特点来理解了。我们知道，猴子的特点是聪明、机灵，人们通常把"机灵鬼"比喻成猴子，说："你这家伙，猴精猴精的。"那么，是不是猴气指的

是聪明、机灵呢？在回答这个问题之前，我们可以先来看一个故事：

有一只聪明的猴子，特别喜欢卖弄自己。其他猴子都看不惯它，都不喜欢它，因此，它在整个猴群中的威信极低。一天，京城名捕来到猴山，其他猴子因为害怕，都相互协助地逃跑了。只有这只聪明的猴子没有其他猴子的协助，因此它没有逃跑，而且它走到名捕面前卖弄。猴子再机灵，也斗不过好猎手，卖弄的下场只能是束手就擒。

那些看似愚钝的猴子，由于团结一致，抵御了灾难。而那只聪明的猴子，却因为小聪明葬送了自己。深入分析，我们就会发现，那只猴子的聪明是"小聪明"者们的典型代表。

俗话说："山中无老虎，猴子称大王。"当山中没有老虎的时候，其他动物都不称王，只有猴子跳出来称王，可见，猴子与老虎具有某种共性——都想做老大。可实际上，猴子大不如老虎。

与猴子的小聪明相比，老虎拥有的是大智慧。小聪明者虽然机灵，但是与大智慧者相比，由于缺少大境界、大格局、大气度，往往会做出只重眼前、不看长远的事情。说到这里，我们有必要分析一下大智慧与小聪明的区别。

大智慧者谋长远，小聪明者看眼前。真正有智慧的管理者往往立足当下，放眼长远，他们能够很好地处理眼前利益与长远利益的关系，既能适当照顾当前利益，又不会被眼前的利益迷惑而忽视长远的利益。而耍小聪明的人往往是鼠目寸光，只看眼前，不看长远。然而，不谋长远者就走不远，小聪明者最后往往是赔了夫人又折兵，就像那只爱卖弄的猴子一样，最后毁在自己手上。

虽然大智慧与小聪明不同，但是两者之间并没有绝对的界限。对一个管理者来说，他可以既有大智慧，也有小聪明。如果他身上的大智慧占的比重多，那么对他来说，就是一个真正的智者，就会更多地表现出虎气。如果他身上的小聪明占的比重多，那么对他来讲，他最多是一个有心眼、有心计的人，在他身上我们看到更多的是猴气。

身为企业管理者，最忌讳的是虎气不足，猴气有余，因为这样是无法成为出色领袖的。俗话说得好："高度决定了眼界，眼界决定了境界。"管理者在看待问题时，应该从大局出发，着眼全局，这样做出的决策才可能周全，才能从根本上保障公司的利益。要做到"明大局，识大体"，管理者必须有大胸怀、大境界，千万不能只看到眼前利益，这既是一种思想，也是一种智慧。

从 1999 年成立至今，阿里巴巴在全球范围内，被十几种语言 400 多家媒体连续追踪报道，它连续五次被《福布斯》评选为全球最佳 B2B 网站，它的排名甚至比全球电子商务的巨头亚马逊还要靠前，马云是怎么取得这样的成就的呢？

1995 年，马云开创企业黄页网站，每天出门向别人讲述互联网的神奇，说服别人出钱把资料放到网上去，但是没有人相信他。在那段时间内，马云被人视为骗子。然而，他不放弃。在中国互联网大潮风高浪急之时，马云决定做一个和世界上所有电子商务网站不同的 B2B 网站，他放弃了那15% 大企业的生意，决心只做 85% 中小企业的生意。他说："如果把企业也分成富人穷人，那么互联网就是穷人的世界。"

这是远见还是狂妄呢？事实证明，这是马云的远见。1999 年初，他创办了阿里巴巴，企业创办初期，严重缺少资金，马云到各个大学去做演讲，宣讲他的 B2B 模式。渐渐地，他引起了人们的关注，海外媒体开始对他表现出极大的热情。风险投资商也慢慢对马云产生了兴趣。但是马云先后拒绝了 38 家风险投资商，接受了以高盛为首的投资集团的500 万美元的投资。在该笔资金到位后，他飞赴北京，见了日本软银公司的董事长孙正义。那次交谈之后，孙正义向阿里巴巴投资了 2000 万美金。就这样，阿里巴巴在充足资金的支持下，迅速发展起来。

《福布斯》曾这样评价马云："有着拿破仑一样的身材，更有拿破仑一样的伟大志向！"事实上，他的身材虽然矮小，但是他的眼光却非常高远，他制定的企业发展战略具有很好的前瞻性。这是阿里巴巴之所以能走到今天，并且将会走得更远的战略保证。

真正具有大智慧的管理者，往往是虎气十足的，这样才具备统揽全局的能力，才能识大体，谋大局，抓大事，才能从企业全局的角度、从长远的角度看问题，这样才不至于一叶障目，不见泰山，才能从根本上保障企业的利益和发展。

5　领导者个人魅力大小决定团队气场大小

每个人都希望自己有魅力，个人魅力可以展示自我的外在形象，无形之中传达出我们的正能量。在企业中，领导者尤其需要强大的个人魅力。

优秀的领导者除了具备优秀的领导才能，还应有与众不同的魅力。领导者的个人魅力是领导才能的一种反应，是凝聚人心、激励斗志、带领队伍完成任务的重要保障。领导者的魅力能让领导者产生持久的影响力，使他在团队中充满威信，去影响团队成员的行为。

曾4次被美国《国际投资者》评为"世界最佳饭店"的泰国曼谷东方饭店，有一个十分出色的总经理——库特·瓦赫特·法伊特尔。他在泰国是个很有声望的人，曾被泰国秘书联合会数度评为"本年度最佳经理"。正是在他的管理下，曼谷东方饭店才有蒸蒸日上、嘉誉满天下的盛况。

法伊特尔的管理秘诀就是"大家办饭店"，他把东方饭店当成一个大家庭来经营。在饭店内部，除了有一套行之有效的管理制度之外，法伊特尔的个人魅力也起到了十分重要的作用。作为饭店的总经理，作为饭店的最高负责人，法伊特尔从来不摆架子，他对每个员工都十分和蔼。无论是哪个员工遇到了困难或疑问，都可以直接找法伊特尔面谈。

在管理企业中，法伊特尔十分重视感情交流，他经常为员工及其家属举办各种活动，比如，生日舞会、运动会、佛教仪式等等。通过这些活动，各部门之间、员工之间、上下级之间有了更多的交流和接触，大家的距离就拉近了，这对提高员工的工作积极性、融洽彼此的关系、凝聚团队人心具有强大的推动力。

在东方饭店，从看门的人到出纳员，每个员工都充满着荣誉感。在这里，员工不仅有丰厚的工资，还有丰富的福利待遇，比如，免费就餐、年终红包、职业保险、年终休假、紧急贷款、医疗费用等等。这些对推动员工积极工作，也起到了举足轻重的作用。

领导是一门艺术，领导者的个人魅力在这门艺术中起着重要的作用。很多人认为，领导者必须有知识、有学问、有铁血手腕、有手段。但实际上，真正高明的领导者不会以拥有这些为荣，相比之下，他们更重视用个人的修养、亲民、和蔼的姿态，表达对员工的尊重和重视，使员工感受到被尊重、被信任，从而凝聚人心。当领导者具备了这些特质时，他的团队成员就会紧密团结在他周围，形成一个气场强大的团队。

在中国历代君王中，不乏优秀的领导者，但说起唐太宗李世民，我们不仅要用优秀来形容他，还要用"个人魅力强大"来形容他。早在当秦王时，虽然他的地位不及兄长李建成地位显赫，但是他以独特的个人魅力，吸引了众多能人志士追随。当他登上皇位之后，满朝文武，智者云集。后来，他们在李世民的带领下，打造了一个"贞观之治"。

在位期间，李世民从来不像其他权贵一样发号施令、玩弄权术，而是选择身体力行，为文臣武将做出示范。行军时，他与士兵同甘共苦，并把下属视为知己；打仗时，他不畏强敌，冲锋在第一线；决策时，他不独断专行，而懂得倾听他人意见，通过集思广益来制定策略。正是因为这些超凡脱俗的个人魅力，李世民才能让一群桀骜的草莽豪杰心甘情愿地臣服于他，并终生为他效力。

身为管理者，你的个人魅力与团队的气场有直接的关系。如果你的魅力强大，大家就容易在你的影响下抱成一团，凝成一股强大的合力。领导者的魅力不是天生的，完全可以通过实践来培养。一般来说，领导者可以在这样几点上努力修炼自我：

（1）高贵的人格

人格是指人的性格、气质、能力等特征的总和，也是一个人道德品质的体现，孟子在《滕文公下》中说："富贵不能淫、贫贱不能移、威武不能屈，此谓之大丈夫。"这就是君子的人格魅力。而有些企业领导媚上欺下、耍两面派，这就是最大的人格缺陷。作为领导者，最应具备的人格就是正直、行事光明磊落、有责任感、有担当。

（2）独特的风格

所谓独特的风格，指的就是一个人的个性和特点，如果管理者没有自己的风格，就很难出类拔萃。这种独特的风格，不是出风头、标榜自我，而是一种适合于己、业已成熟、便于识别、行之有效的行为方式。比如，阿里巴巴的马云、搜狐公司的张朝阳，他们就是有个性的领导者。

（3）大胸怀、大气魄

一个人的魅力不是取决于他的身高有多高，而是取决于他的胸怀有多宽广。就像林则徐写的一副自勉的对联："海纳百川，有容乃大；壁立千仞，无欲则刚。"试想一下，如果领导者小肚鸡肠、斤斤计较，怎么称得上有魅力呢？怎么可能赢得他人的追随呢？

（4）以身作则

以身作则的重要性不言而喻，通过以身作则，可以形成上行下效的良好团队氛围。领导者做得好，下属们还敢胡来吗？许多优秀管理者的例子都告诉我们，管理者的一举一动，往往会影响着下属的积极性，给下属留下深刻的印象。因此，率先垂范，树立榜样，是一个领导者必须重视的问题。

（5）睿智的头脑

领导者是决策者，必须要有睿智的头脑，想问题、做决策应有理有据、有条有理，尤其是在遇到棘手的问题时，要冷静地思考，泰然处之，而不能慌不择路，这样才能聪明地处理问题。

（6）渊博的学识、学习的心态

一个有魅力的领导，应该是一个爱学习、有学识的人，同时，他们还拥有丰富的管理经验，懂得虚心请教、耐心倾听、乐意与下属交流。这样不但可以让领导者扩充学识，还能使他们显得有亲和力、谦逊、温和。

总而言之，领导者若想打造个人的魅力，不妨从以上几个方面去努力，不断地提升自己、完善自己，这样一来，个人魅力定会油然而生。

6 不断学习，知识是领导者最大的资本

在信息时代，知识更新速度越来越快，信息数量越来越多，传播越来越广，传播途径也越来越多。在这一背景下，学习已经成为时代对企业领导者的要求，终身学习是领导者最大的资本。

正如一位哲学家所说："未来唯一持久的竞争优势，或许是具备比你的竞争对手学习更快的能力。"很多人都知道世界华人首富李嘉诚拥有一个商业帝国，但却不一定知道他靠什么打造了如此巨大的商业王国。有人曾问李嘉诚靠什么成功，李嘉诚说："依靠知识。靠学习，不断地学习。"

李嘉诚从小就养成了自学的习惯，不论在何种情况下，他都不会忘记读书。当年替人打工时，他坚持"抢学"；创

业期间，他也坚持"抢学"；成功之后，他毅然孜孜不倦地学习。每天睡前李嘉诚都会看书，他喜欢看人物传记，还喜欢看医疗、政治、教育、福利等任何方面的新闻。

成功之后，李嘉诚一天工作10多个小时，但他仍然坚持学习英语。他曾聘请一位外语教师，每天早上7点半开始上课，上完课后他再去上班。正是依靠熟练的英语，李嘉诚才能阅读英文杂志，才能飞往英美，参加各种展销会，与人谈生意。

李嘉诚说过："在知识经济的时代里，如果你有资金，但缺乏知识，没有最新的讯息，无论何种行业，你越拼搏，失败的可能性越大；但是你有知识，没有资金的话，小小的付出就能够有回报，并且很有可能达到成功。现在跟数十年前相比，知识和资金在通往成功的道路上所起的作用完全不同。"由此可见，不断学习真的很重要。

富可敌国的李嘉诚都能坚持不断学习，我们这些普通的企业管理者，还有什么理由不严格要求自己，保持学习的心态呢？学习是提高领导素质的基本途径，是领导者加强自身修养和学识的手段。不断学习、终身学习是企业领导者的责任，也应该成为领导者的追求。一般来说，可以通过以下几种途径来学习。

首先，向书本学习。

书本、报纸、杂志等是知识的基本来源，如果你能长期坚持读书看报，养成思考、总结的习惯，那么日积月累，你的知识水平将大大提升。也许短期内觉察不到读书看报带给你的变化，但从长远来看，你所学习的一点一滴的知识，将来都会在你经营管理企业、与人打交道的过程中带给你帮助。

其次，向实践学习。

只懂得死读书，只知道坐而论道是不行的，领导者还必须向实践学习，在实践中锻炼自己，这样才能提升你打硬仗的本领。俗话说："读万卷书不如行万里路。"只要你有学习的心态，学习就会变得无处不在。走路的时候可以学习，跟小孩聊天的时候可以学习，和员工交流的时候可以学习。只要你能够怀着一颗谦卑和敬畏的心来看待世界，那么你所见所闻的事情都是你学习的素材，你所思所想的内容都是提升自己的智慧营养。

再次，向优秀者学习。

榜样的力量是无穷的，优秀者永远是一面旗帜，一个标杆。他们或有丰富的经验，或有高超的领导才能，或有远见的卓识，或有超群的做人智慧。如果你能虚心向他们学习，就可以达到取长补短的目的，从而提升自己的综合素质。优秀者既可以是你行业的精英，也可以是你公司的下属，无论他们的职位如何，无论他们的学历如何，无论他们的年龄多大，只要你觉得他有优秀的一面，都值得你去学习。

再者，向普通人学习。

古人云："三人行，必有我师。"每个人都有自己独特的才能，都有自己与众不同的一面，如果你有善于发现的眼光，有欣赏他人的心态，那么你就能发现普通人身上的闪光点，然后从中汲取营养，收获智慧。虚心学习，不耻下问，不但可以让你学到更多的知识和智慧，还能帮你树立谦虚、亲民的领袖形象，使你成为受人欢迎的领导者。

最后，参加专业培训。

如果说之前的几种学习途径是"野路子"，那么参加专业培训就是正规途径。因为每个领导者所从事的行业、涉猎的领域，都有一定的专业性，通过培训加强自己的专业素养是非常必要的。当然，参加培训只是一个开启专业素质的起点，而不要认为参加了培训班，把解决问题的锦囊妙计拿走了，问题就解决了。

值得注意的是，学习要讲究方法，对所学的知识要批判地学、辩证地学，要多从实际情况出发，结合现实问题进行思考，这样才能最大限度地提高学习效率。另外，你所学习的内容最好有合理的知识结构，比如既学习金融知识，也学习管理智慧，还学习领导学、心理学、教育学等等。这些知识都是时代对领导者的要求，你多去学习，才能更好地提升自己的领袖气质。

7　打造非凡领导力，从自我修炼开始

领导者如果想获得优秀的人才，首先应该加强自我修炼，让自己充满人格魅力。这样一来，人才自然会登门拜

访，主动加盟你的平台，为你效劳。

人格魅力来源于领导者的品格、素质、知识、能力、道德修养等，人格魅力越大，权威性越大，影响力越大，对优秀人才的吸引力自然就越大。因为跟着有魅力的领导打天下，是绝大多数优秀人才渴望的事情。

联想集团的创始人柳传志就是一个有魅力的领导者，他把"其身正，不令而行"这句话挂在办公室的墙上，用来勉励自己。联想公司由 20 万元起家，发展成为如今资产上百亿的大型集团公司，成为中国电子工业的龙头企业，这与柳传志的个人魅力有巨大的关系。

柳传志说过："创业的时候，我没高报酬，怎么吸引人？就凭着我多干，能力强，拿得少，来吸引住更多志同道合的老同志。"这句话充分展现了柳传志个人魅力对人才的吸引力，因为一家企业在创立之初，公司无法给员工提供高报酬，但柳传志却能身先士卒，多干、少拿，并且他的能力强，大家有目共睹，大家觉得跟着他干有前途，自然愿意跟在他身边。

下面这段话，从某个角度也能反映出柳传志的领导魅力。

"要部下信你，还要有具体办法，通过实践证明你的办法是对的。我跟下级交往，事情怎么决定有三个原则：同事提出的想法，我自己想不清楚，在这种情况下，肯定按照人家的想法做；当我和同事都有看法，分不清谁对谁错，发生争执的时候，我采取的办法是，按你说的做，但是，我要把我的忠告告诉你，最后要找后账，成与否要有个总结。你做对了，表扬你，承认你对，我再反思我当初为什么要那么做。你做错了，你得给我说明白，当初为什么不按我说的做，我的话，你为什么不认真考虑；第三种情况是，当我把事想清楚了，我就坚决地按照我想的做。"柳传志如是说。

身为公司的领导者，想必你也有过替人打工的经历，在你选择一家公司时，什么因素最吸引你？工资待遇？工作环境？晋升空间？还是事业前景？对于一个目光远大的人来说，肯定会选择事业前景，而跟随一个有魅力的领导打天下，市场前景是最光明的。

这一点在很多历史人物身上，都有很好的体现。比如，常山赵子龙一开始追随袁绍，但是不被袁绍重用，于是转投白马公孙瓒，但他发现公孙瓒魅力不够，跟着他没有什么前途，直到遇到刘备，他才觉得遇到了明主，从此跟随刘备南征北战，创业打天下。

我们不得不承认，领导者的魅力对人才的感召的重要性。不信的话，我们可以举一个例子，两家实力相当的公司看中了一个人才，给出的待遇也差不多，其中一家公司的领导者涉嫌偷税漏税、走私，还有克扣员工工资的劣迹。而另一家公司的领导正直廉洁，多次受到媒体的褒奖。试问，如果让你选择，你会选择去哪一家公司发展？一般来说，脑子正常的人，都会选择后一家公司，这就是领导者魅力的吸引力。

想一想，为什么全世界的精英都想去微软公司一展身手？这在很大程度上，是因为微软公司及其领导者本身魅力的吸引。微软公司的创始人比尔·盖茨中途退学，其勇气和魄力可见一斑，在他的经营下，微软公司从一家小公司发展成为全球最大的软件公司，其能力可见一斑。比尔·盖茨的勇气、魄力、能力等，都是吸引人才的地方，甚至很多人觉得在比尔·盖茨麾下工作，是一种无上的荣耀。

所以，领导者一定不能忽视个人魅力对工作的影响。要知道，你的形象对公司来说，就如同一面镜子，你时刻向外反射着公司的情况。那么，领导者的魅力主要表现在哪些方面呢？

（1）重视人才，爱惜人才

领导者吸引人才的前提是重视人才，爱惜人才。赵云当初之所以投靠刘备，是因为他知道刘备重视人才，知道刘备赏识他。如果刘备不重视人才，不赏识他，就算刘备魅力再大，恐怕赵云也不会为他卖命。常言讲"三军易得，一将难求"，企业竞争最终归结于人才之间的竞争。企业领导者只有重视人才，爱惜人才，并想方设法招贤纳士，让人才看到你的诚意，你才能打动他们。

（2）礼贤下士，拥有优秀的人格

齐桓公得管仲，靠的是人格魅力，结果管仲帮他成就了一番春秋霸业；秦始皇得韩非子、李斯，靠的也是人格魅力，结果统一天下；刘邦得萧何、张良、韩信的辅佐，也是靠人格魅力，最后打败项羽，建立汉朝。纵观古今中外，得人才者得天下，如何得人才？靠的是领导者优秀的人格所产生的感召力。一般来说，优秀的人格包括"仁、义、礼、智、信、温、良、恭、俭、让"等传统美德，拥有这些品行的领导者，才能称之为品德高尚的人。

身为领导者，一定要充分认识到自我修炼的紧迫性，认识到只有不断提高知识素养，才能紧跟时代的步伐，成长为优秀的领袖。要知道，没有人天生就是卓越的领袖，而学习是唯一的途径。只有不断积累，善于学习，你才能拥有渊博的知识，才可能在观察问题和分析问题时保持敏捷的思维、抓住转瞬即逝的机遇，带领企业展翅高飞。

8 大胸怀、大气魄，成就卓越的领导者

企业管理是一个做人做事的过程，在这个过程中，领导者能否做到大肚能容、宽厚待人，能否做得到眼观六路、耳听八方、胸怀全局、心怀天下，很大程度上决定了企业能否长远地发展。因为宽厚待人，才能广结人缘，才有可能得到员工的支持，因为胸怀全局，才不至于目光短浅，拣了芝麻丢了西瓜，这是一种大气魄。

很多时候，大胸怀与大气魄是紧密联系的，很容易理解的一点就是，大胸怀表现为不与人计较，为的就是从长远来看，与人为善，使自己多一个朋友，少一个敌人。这一点在

企业管理中显得尤为重要。身为企业管理者，不但要在做人方面有大胸怀，还要在做事方面有大气魄，这样才能让你的领袖气质影响更多的员工。

在这一点上，李嘉诚值得我们学习。李嘉诚当年创办塑胶厂时，将厂子的名字定为"长江"，他的解释是："长江不择细流，故能浩荡万里。长江之源头，仅涓涓细流，东流而去，容纳无数支流，形成汪洋之势。日后的长江塑胶厂，发展势头也会像长江一样，由小到大。长江是中国的母亲河，是中华民族的骄傲，未来的长江集团，也应该为中国人引以自豪。长江浩荡万里，具有宽阔的胸怀，一个有志于实业的人，理当扬帆万里，破浪前进，去创建宏图伟业。"

在做人做事做生意的过程中，李嘉诚总是提醒自己多一点大度、多一点让利。他说："重要的是首先得顾及对方的利益，不可为自己斤斤计较。对方无利，自己也就无利。要舍得让利使对方得利，这样，最终会为自己带来较大的利益。我母亲从小就教育我不要占小便宜，否则就没有朋友，我想经商的道理也该是这样。"正是这种胸怀天下的大志向和大气魄，促使李嘉诚不断将事业做大做强。

无独有偶，格力集团的董事长董明珠也是一个拥有大胸怀和大气魄的人。在营销界，她被誉为传奇人物。这不仅在于她为格力创造了前所未有的营销模式，更在于她对营销保持着与众不同的态度。

很多人在搞营销时，都会赔尽笑脸、说尽好话，跟在客户身后，服务周到。但是董明珠搞营销却不这样，她总是开宗明义地告诉客户，如果你不按我的规矩来，就别和我玩这个游戏。结果，客户围绕在她身边抢着付钱，还对她保持12分的敬佩。这到底是怎么回事呢？

有人曾问董明珠："你怎么敢肯定，客户会按照你的规则跟你玩游戏呢？"董明珠说："因为我的出发点不是我个人的那一点眼前利益，我手中把握的是合作双方的长远利益。"看到这样的回答，我们就不难理解为什么客户愿意与她合作了。

另外，董明珠还是一个有大气魄、大格局的领导者，她的一位下属曾表示："董总特别善于观察，而且反应敏捷，在你还没开口之前，她已经知道你要什么。她也会让你明白，她手里掌握的正是你想要的——她永远控制着大局的进程。"

领导者的大气魄、大格局很大程度上，表现为企业战略的制定和企业长远的规划上。就像董明珠这样，站在"大格局"的角度上，统筹内部和外部的一切资源，将利益最大化发挥得淋漓尽致。这一点在威盛电子董事长王雪红身上也有典型的表现。与董明珠向营销渠道的强权发起挑战大同小异，王雪红在威盛电子创立不久，就敢于向行业巨头英特尔叫板，结果一战成名。

王雪红向英特尔挑战并不是哗众取宠、借故炒作威盛的知名度，而是因为她从一开始就看准了中国电子公司不能永远都做"高级作坊"的趋势，必须拥有自己的芯片技术。结果，威盛在她的领导下，一点一点做技术，一点一点赢得市场，最终的结果是威盛和英特尔、AMD 并称为全球三大芯片生产商。

敢于挑战是大气魄，这需要勇气，需要胸怀，需要长远的规划和大格局上的把控。企业领导者就应该具备这些素养，要学会着眼未来，积极地为明天准备。要学会掌控全局，从局外人、从多种角度去观察企业的运营，判断企业的健康情况，判断它的发展阶段，并且根据观察和判断，来加以掌控企业的运营和走向。

领导者的大胸怀、大气魄还表现为敢揽天下英才、敢用天下将才；还表现为立意高远、气魄夺人、决断、坚持、承担责任、承认错误。如果你做到了这些，那么你的领袖气质就会发挥强大的正能量，从而带领企业走向明天的辉煌。